GNH（国民総幸福度）研究⑤発刊に寄せて

平山 修一

　日本GNH学会の紀要集である『GNH（国民総幸福度）研究』は2017年にNo.4を発刊して以来、今回で5冊目と〔…〕き紀要集を会則通りに発刊できていないこ〔…〕こ申し訳ない気持ちで一杯である。

　毎年発刊という学会が定めたルー〔…〕しかし個人的には一度決めた、成文化さ〔…〕、それはあくまでも目安であり、それに縛られ過ぎなくても良いのではないかとの想いがある。

　近代社会はその発展に応じて様々なルールを制定する必要がある。グローバリゼーションの進む前の世界では、各国がその発展の度合いに応じてそのルールの適応を独自に判断していた。それが民主主義であり、ブータンも発展のペースを自らが選んでいた。

　しかし昨今の世界の潮流（トレンド）は各国の発展の度合いを考慮せず、一律にそのルールに従う事を強要する。焼き畑農業への批判、ビニール袋の使用禁止、LGBTへの配慮など毎年のように新たなトレンドは私たちにその選択を迫ってくる。

　欧米を含むG20諸国ではこうしたルールの順守には世論も好意的であろう。しかし発展途上段階にある国においては、こうしたルールの一部はその伝統文化の否定、経済発展の大きな足かせとなり、世論が受け入れがたいものも多い。

　ルールを理解し、尊重はするものの、その適応や採択の度合いは選択できる、そうした社会の寛容さが、人々から毎年変わりゆく社会制度、倫理観へのストレスを取り去り、人々の本質的な人間性の尊重、幸福度の向上にも繋がるのではなかろうか。

　当学会はまだまだ発展途上の学会である。自らが決めたルールを守ることもままならないまだまだ未熟な学会である。自らを正当化するわけではないが、今回の紀要集の発刊の一連の経緯を通じてこのように思った次第

である。

　話は変わるが、先日、ブータン国王ジグミ・ケサル・ナムゲル・ワンチュク陛下はジェツン・ペマ・ワンチュク王妃と共に天皇陛下の即位礼正殿の儀に参列のため来日された。補足だが今回はジグミ・ナムゲル・ワンチュク王子にとっては初めて来日となる。

　2019年10月25日に帝国ホテルにてブータン国王夫妻を歓迎する会が開催され、当学会も共催者としてその名を連ねた。当学会副会長のペマ・ギャルポ教授がブータン国王の通訳を務め、また歓迎会の司会は当学会理事であるマリ・クリスチーヌ教授が務めた。

　また、歓迎会冒頭の国王のスピーチに於いては、当学会会長である平山に対する謝辞も頂いた。学会として大変名誉なことだと感じている。日本における当学会の認知度はまだ低いものの、今回の国王の来日を機に、当学会が多くの人々の幸福度を高めるために寄与することを切に望んでいる。

『GNH（国民総幸福度）研究⑤幸福のための指標』目次

ブータンにおける 「GNH教育(Educating for GNH)」導入の軌跡

平山 雄大

はじめに

ブータン王国 (Kingdom of Bhutan、以下ブータン) の第4代国王ジグメ・シンゲ・ワンチュク (Jigme Singye Wangchuck、在位1972〜2006年) によって提唱された国民の幸福を重視した開発理念／哲学「国民総幸福」 (Gross National Happiness: GNH、以下 GNH) は、同国がメディアで取り上げられる際にはかなりの頻度で紹介され、世界各国で広く注目を集めるものとなっている。

表1にある通り、1972年3月に計画委員会 (Planning Commission) 議長に就任した第4代国王*1は経済的な指標を算出するための統計データが存在しなかった当時のブータンの事情を考慮して「国民の満足度」を重視する考えを打ち出し、1975年頃より「満足」(content) に代え「幸福」 (happiness) という単語を使用し GNH と表現しはじめた*2。1979年9月9日には、インド・ボンベイ (現ムンバイ) の空港において行われた記者会見にて「ブータンに関する重要な側面・諸問題について」*3応答がなされ、国王の発言の中に GNH が表出した。キンレイ・ドルジ (Kinley Dorji)、カルマ・ウラ (Karma Ura)、テンジン・リグデン (Tenzin Rigden) らは、この記者会見が GNH が初めて対外的に発信された場面であるとの見解を示している*4。

その後、GNH の概念はマイケル・カウフマン (Michael T. Kaufman) による New York Times の記事 (1980年)*5やアウン・サン・スー・チー (Aung San Suu Kyi) による著作 (1985年) *6内にて言及がなされ、特に1987

年に Weekend FT（Financial Times 週末版）に掲載されたジョン・エリオット（John Elliott）の記事＊7によって世界に発信されることになった。

1980年代半ば以降、ブータン国内では「ナショナル・アイデンティティの保護・促進」（preservation and promotion of national identity）＊8に向けた取り組みと並行して GNH を国家開発計画内に盛り込む工夫がなされ、2002年に「GNH の最大化」（maximization of Gross National Happiness）は国家開発目標となり＊9、2008年7月18日に成立したブータン初の成文憲法にも「国家は、GNH の追求を可能とする諸条件を促進させることに努めなければならない」＊10（第9条第2項）と規定された。学校教育においては、1999年より導入された価値教育科（value education: VE）を発展させるかたちで、教科の枠を超え横断的に GNH に資する学習・指導を行うことを目指し、2010年から GNH 教育（Educating for GNH）が展開されている（表2、表3参照）。

GNH 教育研究はいまだ萌芽的な領域で関連する先行研究は多くはないが、主にブータン人研究者や現職教員による研究成果物が提出されはじめている。一例を挙げると、ケザン・シェラブ（Kezang Sherab）らは、GNH 教育を遂行するうえでの学校長及び教員の自己効力感・集団効力感に関して調査を行い、GNH 教育を実践するうえでの教員側の意識改革の必要性を訴えた＊11。ペマ・ツォモ（Pema Tshomo）は、アマルティア・セン（Amartya Sen）の提唱した潜在能力アプローチを用いて GNH 教育の可能性を論じている＊12。また、ソナム・ザンモ（Sonam Zangmo）は教員・生徒・保護者らへのインタビューを通して GNH 教育が教授や学習に与える影響を考察している＊13。また、杉本は「幸福は教えられるか？」という視点からブータンの価値教育及び GNH 教育に焦点を当てた論考を記している＊14。

本稿は、上記をはじめとした GNH 教育研究の補足資料の作成を前提に、（1）1980年代半ば以降のブータンの国家開発計画及び教育政策を整理すること、及び（2）特に2009年及び2010年の学校教育関連会議等の動向を概観することを通して、同国において学校教育に GNH 教育が導入されるまでの軌跡を明示することをその目的とする。

表1　ブータンにおけるGNH略史

世界への発信	指標化	開発政策への適用	誕生及び広がり	年	
			誕生及び広がり	1972年	第4代国王計画委員会議長に就任⇒「国民の満足度」に着目
				1975年頃	ネーミングの転換(「満足」⇒「幸福」)
				1979年	インド人記者団によるインタビューへの回答
				1987年	国際的認知①:Weekend FT(Financial Times 週末版)の記事
		開発政策への適用		1996年	第8次5ヵ年計画(「GNH」の文言登場)
				1998年	国際的認知②:ジグミ・ティンレイの演説「価値と開発—"GNH"—」
				1999年	『ブータン2020』(中心的開発概念として「GNHの最大化」提示) ブータン研究センター設立
				2002年	第9次5ヵ年計画(国家開発目標として「GNHの最大化」提示)
	指標化			2004年	第1回GNH国際会議開催(於:ブータン)
				2005年	人口・世帯調査実施(最後の質問に「あなたは幸せですか?」⇒国民の96.8%が「幸せ」と回答) 第2回GNH国際会議開催(於:カナダ) GNH指標開発開始
				2007年	第3回GNH国際会議開催(於:タイ)
				2008年	計画委員会の名称をGNH委員会に変更 第1回GNH調査実施 憲法第9条第2項にGNH明記 第4回GNH国際会議開催(於:ブータン) GNH指標完成・公表
				2009年	第5回GNH国際会議開催(於:ブラジル)
世界への発信				2010年	GNH教育導入 第2回GNH調査実施(9分野のうち6分野が満たされていれば「幸せ」と定義⇒国民の40.9%が「幸せ」) 国連に幸福決議草案提出
				2011年	国際的認知③:国連幸福決議採択
				2012年	GNH国際ワーキンググループ発足
				2015年	第3回GNH調査実施 第6回GNH国際会議開催(於:ブータン)
				2017年	第7回GNH国際会議開催(於:ブータン)
				2018年	第8回GNH国際会議開催(於:マレーシア)

出所：筆者作成。

表2 ブータン近現代史＋近代学校教育史（概略）

年	出　来　事
1907	初代国王即位⇒ブータン王国建国
1910	プナカ条約調印
1914(?)	「46人」の男子がカリンポンに留学　ハに学校開校
1915(?)	ブムタンに学校開校
1926	第2代国王即位
1949	インド・ブータン条約調印
1952	第3代国王即位
1953	国民議会設置
1959	近代学校教育導入決議
1961	第1次5ヵ年計画開始　シムトカに言語文化学校開校
1962	コロンボ計画加盟
1964	教授言語を英語に変更（南部ではゾンカの代わりにネパール語の授業科目を容認）
1965	ティンプー・パブリック・スクール開校　カルバンディに技術学校開校
1968	カンルン・パブリック・スクール開校　サムツェに教員養成校開校
1971	計画委員会設置・国際連合加盟
1972	第4代国王即位
1974	流通紙幣発行　外国人観光客受入開始
1975	パロに教員養成校開校
1976	カンルンにシェラブツェ・カレッジ開校
1985	南アジア地域協力連合（SAARC）加盟　環境教育科導入
1989	ネパール語の授業科目を廃止
1999	テレビ放送開始・インターネット導入　価値教育科設置
2003	王立ブータン大学設立
2006	第5代国王即位
2007	インド・ブータン条約改正
2008	第1回国民議会選挙⇒DPT政権発足　ブータン王国憲法公布
2010	GNH教育導入
2012	ケサル・ギャルポブータン医科大学設立
2013	第2回国民議会選挙⇒PDP政権発足
2018	第3回国民議会選挙⇒DNT政権発足

出所：筆者作成。

表3　5ヵ年計画の変遷

策定年	名　称	実施期間	特　徴
1961	第1次5ヵ年計画	1961〜1966年	インドの5ヵ年計画のツギハギ／インド政府の強い後押しと全面的な財政支援
1966	第2次5ヵ年計画	1966〜1971年	
1971	第3次5ヵ年計画	1971〜1976年	計画委員会設置⇒ブータン政府の主体性の獲得を目指す／国連機関からの援助受入開始
1976	第4次5ヵ年計画	1976〜1981年	
1981	第5次5ヵ年計画	1981〜1987年	目標に「経済的自立の達成」／「地方分権化の促進」を強調
1987	第6次5ヵ年計画	1987〜1992年	全体目標に「ナショナル・アイデンティティの保護・促進」
1991	第7次5ヵ年計画	1992〜1997年	国際機関寄りの姿勢を明確化⇒「持続可能性」や「環境と持続可能な開発」を強調
1996	第8次5ヵ年計画	1997〜2002年	「GNH」の文言登場
2002	第9次5ヵ年計画	2002〜2007年	国家開発目標として「GNHの最大化」を提示「主要な柱としての4つの重点領域」を提示
2008	第10次5ヵ年計画	2008〜2013年	憲法に則し「GNHの最大化・実現」を目指す
2013	第11次5ヵ年計画	2013〜2018年	全体目標に「自立し、包括的で環境に優しい社会経済開発」
2018	第12次5ヵ年計画	2018〜2023年	

出所：筆者作成。

1．国家開発計画及び教育政策

■第6次5ヵ年計画

　1987年に策定された第6次5ヵ年計画（1987〜1992年）は9つある全体目標のひとつに「ナショナル・アイデンティティの保護・促進」を掲げ、国家開発を行ううえで国の独自性や伝統的価値観・文化を明確に形成し守っていくことを宣言した。その背景には同じチベット仏教国でかつ繋がりも強かった隣国シッキム王国のインドへの併合（1975年）をはじめ、増え続ける外国人労働者への依存や南部地域に多く居住していたネパール系非

国籍取得者の問題等があると考えられる。

　同計画における教育開発の土台として1985年に策定された国家教育政策には、４つの主要目標のひとつに「伝統的・宗教的価値の植えつけ」(inculcation of traditional and religious values)＊15が掲げられ、同計画では「生徒の中に道徳的価値及び愛国心を育み、三宝（仏・法・僧）の規範(drigram　choesum)を遵守し、国王と国家に奉仕するブータン市民を育成する」ことや「我々の子どもたちに、ブータンの文化・精神の顕著な特色及び言語的・地域的差異を横断する『単一性』(oneness)に関する正しい理解を育む」＊16ことが謳われた。さらに、同計画の全体目標の項目には「目標＊17を実現させるためのもう一方の重要な戦略は、王室に対する忠誠心、国家に対する誇りと献身、共同社会の調和の意識、国の豊かな伝統・習慣をもとにした共通の運命観、ブータンの秩序の価値を認識・促進させる教育制度にある」＊18との記述も見られる。

　1960年代から量的拡大が目指されたブータンの学校教育の制度・内容は隣国インドのものをほぼ直輸入するかたちで構築された経緯を有しており、かつては輸入された教科書を国語であるゾンカ(Dzongkha)に翻訳し普及させることが目指された＊19。一方で第６次５ヵ年計画以降はインド式教育からの脱却が目指され、教育内容の改革に向けて努力が重ねられていく。この現象は教育のブータン化(Bhutanization)と呼称され＊20、同時期になされた初等教育低学年へのNAPE(New Approach to Primary Education)プログラム＊21の導入やそれに伴った環境教育科(environmental　studies: EVS)の設置もその一環と捉えられている。

　「ナショナル・アイデンティティの保護・促進」が計画の前面に出された同計画のもと、公的な場での民族衣装の着用、ゾンカの習得・使用、ディグラム・ナムジャと呼ばれる礼儀作法の順守に関する布告(1989年)や南部において容認されていたネパール語の授業科目の廃止(1989年)等といった非ネパール系住民の文化を「基盤」とした改革が断行された結果、南部では民族対立とも換言され得る状況や難民問題が発生し、多くの学校が閉鎖され社会は混乱した。

■第７次５ヵ年計画
　1991年に策定された第７次５ヵ年計画（1992～1997年）においては、前

計画とは一変してナショナリズムに関連する記述が姿を消した。「ナショナル・アイデンティティ」という用語に代わって「持続可能性」（sustainability）や「環境と持続可能な開発」（environment and sustainable development）という文言が前面に押し出されると同時に、国際的な開発目標を強く受け入れる姿勢が見られるようになる。

　また「国家及び世帯レベルで GDP を増やすという開発の明白な目標だけではなく、ブータンの開発は、量で表すのが困難な目標の達成を含んでいる。それらは、人々の精神的・感情的幸福（spiritual and emotional wellbeing）の確保、ブータンの文化遺産及びその豊かで多様な自然資源の保護といったものである」*22 と、同計画では開発目標を測るうえでの GDP の限界が指摘されており、ブータンの国家としての独自性確立のある種の終着点と言って良いであろう国家開発目標としての GNH の最大化の提示に向けた新たな動きが表出している。

　同計画はタイのジョムティエンで開催された万人のための教育世界会議（1990年）において設定された到達目標の影響を受け、学校教育の量的拡大に関して、「2000年までの初等教育の完全普及（アクセス）を達成するために、1997年までに就学率を88％に上げる」*23 と初めて達成期限付きの目標が設定された。基礎的な学習ニーズの重要性及び障害を持つ者や不利な立場に置かれた者への配慮を言明している点、技術・職業教育の強化を表出している点等にも随所に同会議の影響が垣間見られ、以降の5ヵ年計画の教育開発目標にもその流れは継承されていく。

　教育のブータン化に関してはカリキュラム開発及び教科書の全面改訂、そして第10学年と第12学年の修了時に実施されていたインドの修了試験への依存をやめブータン試験委員会（Bhutan Board of Examination: BBE）が作成する中等教育修了試験を導入すること等が目指された。

■第8次5ヵ年計画

　1996年に策定された第8次5ヵ年計画（1997～2002年）では、全体目標のひとつに「文化的・伝統的価値の保護・促進」（preservation and promotion of cultural and traditional values）*24 が掲げられると同時に、「経済成長は人間開発の目標ではない。収入の増大と増加した商品生産は、人間の能力を高める可能性を持っている手段に過ぎない。それらは

『GNH』に貢献することができるという点でのみ有用である。重要なのは、人々が享受する平和と快適さ、人間の生活の豊かさをどのように確保するかということである」*25と、初めて GNH という文言が計画内に登場した。

　そして、韓国・ソウルで開催された国連開発計画太平洋地域ミレニアム会議（1998年）における当時の閣僚会議議長ジグミ・ティンレイ（Jigmi Y. Thinley）の演説「価値と開発―“GNH”―」（Values and Development: “Gross National Happiness”）*26を挟み、1999年には、2020年までの長期的な国の方向性を明示した開発計画文書『ブータン2020』（*Bhutan 2020: A Vision for Peace, Prosperity and Happiness*）に GNH の最大化がブータンの中心的開発概念（central development concept）であることが明記された*27。また同年 GNH 研究を担うシンクタンクとしてブータン研究センター（Centre for Bhutan Studies: CBS）*28が設立され、カルマ・ウラが所長に就任した。

　第8次5ヵ年計画における教育政策は基本的には前計画のものを引き継いでおり、政策上の大きな転換はなされていないが、第8次5ヵ年計画では学校教育の戦略として「国家の必要性と密接に関連したカリキュラムの策定を続け、特に価値・道徳教育（value and moral education）を導入する」*29ことが記載され、伝統的価値観・文化をカリキュラムに落とし込む工夫が示されている。結果、1999年より価値教育科が全学年に設置されることになるが（表2参照）、その導入には、同年6月より国内で開始されることになるテレビ放送及びインターネットによる外国文化の影響力の増大への懸念も影響を与えたという*30。

　また、ブータンでは学校教育の拡充がなされはじめた1960年代よりほとんどの科目の教授言語に国語のゾンカではなく英語が採用されているが、この時期、簡易化や読書習慣の確立によるゾンカの普及が計られ、さらに同計画実施中に第3学年までの環境教育科の教授言語をゾンカへと変更することが目指された。

■ 第9次5ヵ年計画

　2002年に策定された第9次5ヵ年計画（2002〜2007年）は、「GNH の最大化は哲学であり、国家開発目標である」*31と開発目標として GNH の

最大化を大々的に提示し、具体的に「GNH の主要な柱としての４つの重点領域」として、①経済成長と開発、②文化遺産の保護と振興、③環境の保護と持続可能な利用、④良い統治を掲げこれからのブータンの開発姿勢を示した＊32。教育開発が GNH にどう資するか、もしくは GNH が教育開発にどう影響を与えるかという細かな説明は同計画内には見られないが、「初等教育の主要な目的は、人間の幸福を達成するための原理に基づく生きかたを子どもたちに植えつけることである」＊33とされ、「幸福」をキーワードに学校教育を捉えようとする試みが見られる。

　また同計画では、教育開発の目標のひとつに「青少年の健全な発展（wholesome development）のために、青少年指導、キャリア・カウンセリング、価値教育を拡充する」＊34と価値教育科の改善・拡大の方針が示された。

■第10次５ヵ年計画

　2008年に策定された第10次５ヵ年計画（2008～2013年）は、王制から立憲君主制に移行してから、つまり選挙によって選ばれた政権が担う初の開発計画であった。同計画では憲法に即して国として「GNH の最大化・実現」＊35を目指すことが改めて宣言され、具体的に「GNH の４本の基盤となる柱」＊36として①持続可能で公正な社会経済開発、②環境の保全、③文化の保護と振興、④良い統治が提示されているが、教育に関する章に GNH と関連するような記述はみられない。

　前計画に引き続き価値教育科の強化・拡大の方針が示され、教科の枠を超え横断的に学習・指導を行おうとしていることが教育省の説明から伺える（下線筆者）＊37。

The values education, which has been initiated as a distinct curriculum area will be consolidated in the 10th Plan. In addition to the basic Bhutanese values, the ten life skills will now be taught as part of this subject. Together they will constitute ten core curriculum towards the development of the whole person. A curriculum framework, teachers' guide and student' texts will be developed and the teaching of this subject formalized as central to the whole process of education.

個別カリキュラム領域として開始された価値教育は、第10次５ヵ年計画中に強化される。基本的なブータンの価値観に加えて10のライフスキルが、この科目の一部として教えられる。同時に、それらは全人的発達に向けた10のコアカリキュラムの一部をなす。カリキュラムの枠組み、教員用指導書及び教科書が開発され、この科目の教授は教育の全体のプロセスの中心として形式化される。

　上記の10のライフスキルとは、自己認識（self awareness）、共感（empathy）、批判的思考（critical thinking）、創造的思考（creative thinking）、意思決定（decision making）、問題解決（problem solving）、効果的なコミュニケーション（effective communication）、対人関係（interpersonal relationship）、ストレスへの対処（coping with stress）、感情への対処（coping with emotions）を指す＊38。

２．学校教育関連会議等の動向（2009～2010年）

■2009年
　2009年1月1～4日に、プンツォリン高等学校（Phuentsholing Higher Secondary School）で開催された第12回年次教育会議（12th Annual Education Conference）において、GNH 概念をカリキュラムの中に組み込む旨の提案がなされ、結果、GNH の概念をカリキュラムに組み込むこと及び教育省学校教育局によって価値教育運営委員会（value education steering committee）を設置することが決議された（下線筆者）＊39。

　The presentation also highlighted that future curriculum reforms should be guided by the principles of Gross National Happiness. It is only through education that we can achieve the goals of GNH. While Bhutan is known globally for GNH, not enough is known about GNH within the country. Therefore, it was suggested that the concepts of GNH be embedded in the school curriculum so that our children learn about GNH at an early age.
　プレゼンテーションでは、将来のカリキュラム改訂は、GNH の原理によってなされるべきであるという点が強調された。GNH の目標の達成は、教育を通してのみなされる。ブータンは GNH によって世界に知られているが、国内では

GNH は十分に知られていない。それゆえ、<u>子どもたちが早い時期に GNH につい</u>
<u>て学ぶために、GNH 概念を学校カリキュラムに埋め込むことが提案された</u>。

The Director, DSE made a short presentation on value education and Gross National Happiness. This was followed by deliberations on the inclusion of GNH concepts in the school curriculum. It was pointed out that Bhutan is known world-wide for GNH, but there seems to be a general lack of awareness of the concepts of GNH within the country. School being a place where we teach children about all the good things in and about life, <u>the onus of increasing awareness of GNH falls on the Ministry of Education.</u>

　学校教育局長は価値教育と GNH に関する短いプレゼンテーションを行った。これに続いて、GNH 概念を学校カリキュラムに含めることについての審議が行われた。ブータンは GNH によって世界的に知られているが、国内では GNH 概念は一般的に意識されていないようだと指摘された。学校は、我々が子どもたちに人生の中のすべての良いことを教える場所であり、<u>GNH に対する認識を高める責任は教育省に委ねられる</u>。

　その後、王立教育審議会（Royal Education Council: REC）のゲルツェン・ペンジョル（Gyaltshen Penjor）とタシ・ワンゲル（Tashi Wangyal）がカルマ・ウラに提言を要請し、同氏よって全63頁に及ぶ『学校における GNH 価値教育のための提案』（A Proposal for GNH Value Education in Schools）が提出された。同提案においては、自身が所長を務めるブータン研究センターが2008年に公表した GNH 指標（GNH Index）の９分野—①精神的幸福（psychological well-being）、②健康（health）、③時間の使いかた（time use）、④教育（education）、⑤良い統治（good governance）、⑥環境の多様性と活力（ecological diversity and resilience）、⑦生活水準（living standard）、⑧コミュニティの活力（community vitality）、⑨文化の多様性と活力（cultural diversity and resilience）—に沿った価値の抽出と実践案（メンタル・トレーニングのための瞑想、ボランティア活動、ヨガをはじめとした身体運動、伝統的な遊び・運動の導入等多岐に渡る）が示され、特に教育制度への価値付与の方法として、従来からある儀礼、教室での教授、インドの学校教育カリキュラムをもとに導入された SUPW（Socially

Useful Productive Work) の強化・刷新に加えて、新たに瞑想をする時間を導入することが強く提言されている*40。

　この流れを受け、ブータンの教育水準を徐々に高めることを目指して王立教育審議会が同年に発行した『国家教育枠組み—カリキュラムの展望—』(National Education Framework Curricular Perspective 2009) では、「学校カリキュラム全体の基盤は、国が国民に熱望する GNH の原理、文化、価値そして目標に基づいている」*41とカリキュラムの基盤に GNH があることが明記された。

　そして同年12月7〜12日、首都ティンプーに位置するホテル・プンツォペルリ (Hotel Phuntsho Pelri) において教育省主催の GNH 教育ワークショップ (Educating for Gross National Happiness Workshop) が開催され、GNH 教育という言葉が初めて公の場に登場すると同時に以下の声明がなされることになる*42。

The principles and values of Gross National Happiness will be deeply embedded in the consciousness of Bhutanese youth and citizens. They will see clearly the interconnected nature of reality and understand the full benefits and costs of their actions. They will not be trapped by the lure of materialism, and will care deeply for others and for the natural world.

　GNH の原理と価値は、ブータンの若者及び国民の意識の中に深く埋め込まれる。彼らは現実に相互接続された本質をはっきりと理解し、自身の行動の完全なる利点と代価を理解する。彼らは物質主義の誘惑にとらわれず、他者や自然界を深くケアする。

HOW: Bhutan's entire educational system will effectively cultivate GNH principles and values, including deep critical and creative thinking, ecological literacy, practice of the country's profound, ancient wisdom and culture, contemplative learning, a holistic understanding of the world, genuine care for nature and for others, competency to deal effectively with the modern world, preparation for right livelihood, and informed civic engagement.

　方法：ブータンの教育制度が、鋭い批判的・創造的思考、生態学的リテラシー、国に古くからある深遠な知恵と文化の実践、瞑想学習、世界の包括的理解、自然

及び他者への心からのケア、現代世界に効果的に対処するコンピテンシー、適切な生活への準備、情報に基づいた市民参加を含めた GNH の原理と価値を効果的に育成する。

3-year goal: Bhutan's school system will have GNH-minded teachers and a GNH-infused learning environment, and access to these by all Bhutanese children and youth. Within three years, all of Bhutan's teachers will have received effective education in these areas, and within one year, all of Bhutan's school principals will have received GNH-inspired education.

3年間の目標：ブータンの学校制度は、GNH 精神をもった教員と GNH が注入された学習環境を創出し、すべてのブータンの子ども・若者がこれらにアクセスできるようにする。1年以内に、全校長は GNH の影響を受けた教育（研修）を受け、3年以内に、全教員はこれらの分野の効果的な教育（研修）を受ける。

■2010年

2010年1月4〜7日に、プンツォリン高等学校で開催された第13回年次教育会議（13th Annual Education Conference）は、GNH 教育が全体テーマとなり、学校長、教育行政官、その他関係諸機関からの参加者合計160人以上の中で議論がなされ、「GNH の価値・原理の教化を通して積極的な学校文化を促進する」、「校舎のデザインと環境を GNH の価値・原理が反映されたものにする」*43こと等が決議された。

前年12月の GNH 教育ワークショップでの決定事項に従い、2010年1月19〜24日、1月31日〜2月5日、2月7〜12日には、GNH 教育研修の第1段階として合計541名の学校長、教育カレッジの講師、教育行政官に対して、王立ブータン大学パロ教育カレッジ（Paro College of Education, Royal University of Bhutan）にて6日間のワークショップが行われた。ワークショップでは、すべての教科から学校の物理的・精神的環境に至るまで、GNH を全カリキュラムの領域にもたらすことができる実用的な方法が模索されたという*44。

そして、2010年3月の新学期より、GNH 教育は価値教育科を発展させるものとして、学校教育の中で展開されていくことになる（表2参照）。提案から実施まで1年ほどしかない早急な流れの中で学校現場は混乱したよ

表4　GNH教育研修の内容

単元 I	学習成果	セッション	時間
GNH教育のコンテキスト化	・GNH の哲学に対する理解を深める。 ・GNH の概念的な構成を、その分野と指標の観点から説明する。 ・仕事及び私生活で、GNH の価値・原理を植えつける。 ・教育＝GNH の媒介物として、GNH と教育の関係を確立する。 ・GNH 教育のビジョンと目的を説明する。 ・GNH を学校に注入することができる経路の、異なる分野を示す。	GNH の理解 GNH 教育	60分 90分

単元 II	学習成果	セッション	時間
瞑想・マインドトレーニング	・瞑想の本質と利益について理解を深める。 ・瞑想が生徒の成長に及ぼす影響を説明する。 ・選択した瞑想方法のテクニックとアプローチを実演する。 ・瞑想の実践を生徒に指導するための技術を身につける。 ・学校制度の中で瞑想を実施するためのアプローチを設計する。	瞑想・マインドトレーニングの理解 瞑想・マインドトレーニングの方法 学校での実施方法	30分 30分 30分

単元 III	学習成果	セッション	時間
学校カリキュラムへのGNHの注入	・GNH の価値・原理を学校カリキュラムに反映させて認識する。 ・GNH の価値・原理を推進するための教科横断型の授業計画を設計する。	カリキュラムへの GNH の注入の理解 カリキュラムへの GNH の注入のアプローチ	60分 90分

単元 IV	学習成果	セッション	時間
幅広い学習環境	・学習環境が学習に与える影響を認識する。 ・学校制度における以下の5つの学習環境を明らかにし、説明する。 　(a)　コミュニティの活力 　(b)　学校の雰囲気 　(c)　体育、美術、音楽、図工 　(d)　教室のシティズンシップと規律 ・幅広い学習環境に GNH を注入するための実践的な活動やアプローチを設計し開発する。	幅広い学習環境の理解 幅広い学習環境の用例 ライフスキル／リーダーシップに関するポジティブ・ディシプリン	120分 450分 180分

単元 V	学習成果	セッション	時間
包括的評価	・形成的及び総括的評価。 ・学習の3つの領域を紹介する。 ・現在の慣習をリストアップし、ギャップを解消する。 ・子どもを包括的に評価するための性格評価とSUPW のツールを紹介する。	評価に関する現在の慣習の再考 包括的評価の理解	270分 210分

単元 VI	学習成果	セッション	時間
批判的思考・メディアリテラシー	・批判的思考とメディアリテラシーの概念を理解する。 ・批判的思考とメディアリテラシーの間の関係を確立する。 ・批判的思考とメディアリテラシーを促進するためのアプローチと活動を認識する。	メディアリテラシー・批判的思考の理解 メディアリテラシーを学校で促進するためのアプローチ	90分 210分

出所：Education Monitoring and Support Services Division, Department of School Education, Ministry of Education (MoE) (2013) *Educating for Gross National Happiness: A Training Manual*, Thimphu: MoE, pp.XVI-XVII, 5-7, 20-22, 32-34, 45-47, 77-79, 95-97.

うであるが、教育省は以降教員向けのガイドブック（2011年発行）や研修マニュアル（2013年発行）を作成し、教育方法や内容を浸透させていく。ガイドブックにおいては、カルマ・ウラの提案を土台としてより現場の実践に対応させた「学校のための GNH の価値・原理（テンプレート）」が定められると同時に、学習指導案のサンプルが提示された*45。研修マニュアルは、① GNH 教育のコンテキスト化、②経路１：瞑想・マインドトレーニング、③経路２：学校カリキュラムへの GNH の注入、④経路３：幅広い学習環境、⑤経路４：包括的評価、⑥経路５：批判的思考・メディアリテラシーという６つの単元を４日間のワークショップを通して学ぶための教科書である（表４参照）*46。

おわりに

　1980年代半ば以降のブータンの国家開発計画及び教育政策を整理すること、及び特に2009年及び2010年の学校教育関連会議等の動向を概観することを通して同国の学校現場に GNH 教育が導入されるまでの軌跡を示したが、国民の幸福を重視した開発理念／哲学として生まれた GNH 概念は、その最大化が国家開発目標となり GNH の４本の柱や GNH 指標が生まれる一連の流れの中でその概念を広げ、解釈は多岐に渡るようになっていることが確認された。

　「ナショナル・アイデンティティの保護・促進」を推進する政策に端を発したインド式教育からの脱却＝教育のブータン化によって、1980年代から1990年代にかけて環境教育科や価値教育科といった新たな科目が生まれた。GNH の最大化は国家開発目標となり憲法にも GNH の追求が規定されたが、教育開発が GNH にどう資するか、もしくは GNH が教育開発にどう影響を与えるかは明確にされず、５ヵ年計画においてもその関係性は不明瞭のままであった。しかしながら民主化後2009年の初頭には、学校教育カリキュラムに GNH の概念を組み込む提案がなされその動きは一気に加速を見せた。

　学校教育の場面において GNH という言葉が議論される際は、国民の幸福を重視した開発理念／哲学としてではなく、それは道徳や価値といったものとほぼ同義になっており、GNH 教育ワークショップの声明にある

「鋭い批判的・創造的思考、生態学的リテラシー、国に古くからある深遠な知恵と文化の実践、瞑想学習、世界の包括的理解、自然及び他者への心からのケア、現代世界に効果的に対処するコンピテンシー、適切な生活への準備、情報に基づいた市民参加を含めた GNH の原理と価値」という一文に代表されるように、ブータンに根差した道徳観、価値観を持ちながら現代社会に適切に対応できる「良い」ブータン人が育成されれば国家としての GNH も上がるという文脈が読み取れる。GNH 教育研修の内容に批判的思考・メディアリテラシーといったものが大きく取り上げられていることも、その証左となっていると言えるだろう。

　本稿では詳しく触れていないが、GNH 教育は情操教育やライフスキル／リーダーシップ教育の実施、アクティブ・ラーニングの展開、評価方法の改革等の意味合いをも含み、その枠組みは肥大化しているとも指摘できよう。その可能性に注力しながら、GNH 教育の実践内容を考察することを本研究の今後の展望としたい。

（早稲田大学平山郁夫記念ボランティアセンター）

注
＊1　1972年3月当時は皇太子である（同年7月即位）。
＊2　平山雄大（2008）「GNH「誕生」を巡る基礎的文献研究」（日本 GNH 学会『GNH（国民総幸福度）研究③ GNH 研究の最前線』芙蓉書房出版）15〜18頁。
＊3　Kuensel (1979/9/16) "His Majesty the King Attends the Sixth Non-Aligned Summit Conference".
＊4　キンレイ・ドルジ著／西川潤監訳／福田典子訳（2005）「国民総幸福」（国際文化会館『国際文化会館会報』第16巻第2号）17頁、カルマ・ウラ（2004）「『GNH』研究の今—カルマ・ウラ氏公開講演会—」（日本ブータン友好協会『日本ブータン友好協会会報　ブータン』第86号）4頁、テンジン・リグデン（2013）「第2回シンポジウム基調講演　国王の遺産が国民の手に届いた—王と民主主義のものがたり—」（日本ブータン友好協会『日本ブータン友好協会会報　ブータン』第121号）5頁、平山雄大（2018）「GNH の誕生」（『地球の歩き方』編集室編『地球の歩き方 D31　ブータン　2018〜2019年版』ダイヤモンド社）287頁等。
＊5　New York Times (1980/4/29) "Basketball is Big in Bhutan but Traditions too are Prized" (Kaufman, Michael T.).
＊6　Aung San Suu Kyi (1985) *Let's Visit Bhutan*, London: Burke Publishing

Company, pp.92-93.

＊7 Weekend FT (1987/5/2) "The Modern Path to Enlightenment: John Elliott Visits Bhutan, Where the Search for Gross National Happiness Co-exists with Worldlier Concerns about GNP" (Elliott, John).

＊8 Planning Commission, Royal Government of Bhutan (RGoB) (1987) *Sixth Five Year Plan 1987-92*, Thimphu: RGoB, p.22.

＊9 Planning Commission, RGoB (2002) *Ninth Plan Main Document (2002-2007)*, Thimphu: RGoB, p.4.

＊10 RGoB (2008) *The Constitution of the Kingdom of Bhutan*, Thimphu: RGoB, p.18.

＊11 Kezang Sherab (2013) "Gross National Happiness Education in Bhutanese Schools: Understanding the Experiences and Efficacy Beliefs of Principals and Teachers" Ph.D. thesis, University of New England, Kezang Sherab & Maxwell, T. W. & Cooksey, Ray W (2013) "Implementation of Gross National Happiness Education in Bhutan: The Case of an Efficacious 'Zhabdrung' Primary School", *Bhutan Journal of Research & Development*, Vol.3 No.1, pp.1-17, Kezang Sherab & Maxwell, T. W. & Cooksey, Ray W (2016) "Teacher Understanding of the Educating for Gross National Happiness Initiative", in Matthew J. Schuelka & T. W. Maxwell (eds.), *Education in Bhutan: Culture, Schooling, and Gross National Happiness*, Springer, pp.153-168.

＊12 Pema Tshomo (2016) "Conditions of Happiness: Bhutan's Educating for Gross National Happiness Initiative and the Capability Approach", in Matthew J. Schuelka & T. W. Maxwell (eds.), *op. cit.*, pp.139-152.

＊13 Sonam Zangmo (2015) *A GNH Infused Curriculum: Promise of a Meaningful Education in Bhutan*, Saarbrücken: LAP Lambert Academic Publishing.

＊14 杉本均 (2009)「ブータンに学ぶ幸福感と教育―伝統と近代の衝突と共生―」 (子安増生編『心が活きる教育に向かって―幸福感を紡ぐ心理学・教育学―』 ナカニシヤ出版) 第4章、82～102頁、杉本均 (2016)「ブータン王国の教育と幸福政策―幸福は教えられるか？―」(杉本均編『ブータン王国の教育変容―近代化と「幸福」のゆくえ―』岩波書店) 第2章、51～87頁等。

＊15 Planning Commission, RGoB (1987) *op. cit.*, p.37. 第6次5ヵ年計画には、内容は同一だが行間の違いから全頁数が異なるいくつかの版が存在する。本稿では、GNH 委員会 (Gross National Happiness Commission、旧計画委員

　会）が PDF ファイルで公開しているものに、便宜上頁数を付したものを用いる。

＊16　*Ibid.*, p.39.

＊17「ナショナル・アイデンティティの保護・促進」を指す。

＊18　*Ibid.*, p.23.

＊19　RGoB (1966) *Second Five Year Plan*, Thimphu: RGoB, p.29, Ministry of Development, RGoB（1972）*Third Five Year Plan 1971-1976*, Thimphu: RGoB, p.33.

＊20　Ueda, Akiko (2003) *Culture and Modernization: From the Perspectives of Young People in Bhutan*, Thimphu: Centre for Bhutan Studies, pp.124-126（上田晶子（2006）『ブータンに見る開発の概念―若者たちにとっての近代化と伝統文化―』明石書店、160〜163頁。）, Singye Namgyel (2011) *Quality of Education in Bhutan: Historical and Theoretical Understanding Matters*, Thimphu: DSB Publication, pp.62-63, etc.

＊21　1980年代後半より全国的な展開が計られた生徒中心型の学習・指導方法を形成する取り組み。具体的には初等教育低学年用の科目として社会と理科を統合した環境教育科が新設され、英語、ゾンカ、算数を含めた4科目が基礎科目と位置づけられた。

＊22　Planning Commission, RGoB (1991) *Seventh Five Year Plan (1992-1997) Vol 1. Main Plan Document*, Thimphu: RGoB, p.22.

＊23　*Ibid.*, p.78.

＊24　Planning Commission, RGoB (1996) *Eighth Five Year Plan (1997-2002)* Vol. I Main Document, Thimphu: RGoB, pp.25-26.

＊25　*Ibid.*, p.16.

＊26　Kingdom of Bhutan (1998) *Values and Development: Gross National Happiness, Keynote Speech Delivered at the UNDP Regional Millennium Meeting for Asia and the Pacific, 30 October - 1 November 1998 Seoul, Republic of Korea, Organized by UNDP and Government of the Republic of Korea, His Excellency Lyonpo Jigmi Y. Thinley, Head of the Royal Government of Bhutan*, Thimphu: RGoB. 同演説は、GNH という開発理念・哲学の存在が国際的認知を得るきっかけのひとつとなった。

＊27　また、具体的に「5つの主要な目標」として、①人間開発、②文化と遺産、③バランスの取れた公正な開発／バランスの取れた公正な社会経済開発、④統治、⑤環境の保全／環境にやさしい持続可能な開発が提示された。Planning Commission, RGoB (1999) *Bhutan 2020: A Vision for Peace, Prosperity and Happiness*, Thimphu: RGoB, pp.47-48, 51-80.

＊28 現ブータン・GNH研究センター（Centre for Bhutan and GNH Studies）。

＊29 Planning Commission, RGoB (1996) *Eighth Five Year Plan (1997-2002)* Vol. I Main Document, Thimphu: RGoB, p.185.

＊30 元閣僚会議議長／首相ジグミ・ティンレイに対するインタビュー（2014年9月6日）。

＊31 Planning Commission, RGoB (2002) *Ninth Plan Main Document (2002-2007)*, Thimphu: RGoB, p.4.

＊32 *Ibid.*, pp.4-6.

＊33 *Ibid.*, p.70.

＊34 *Ibid.*, p.69.

＊35 Gross National Happiness Commission (GNHC), RGoB (2008) *Tenth Five Year Plan (2008-2013)* Vol. I：Main Document, Thimphu: RGoB, p.17.

＊36 「4本の柱」（four pillars）という言葉が使われ表記の統一がなされたことが確認できるのは、2004年に開かれた第82回国民議会においてである。同国民議会における議論及び報告はこの4本の柱にそって行われ、その表記は第10次5ヵ年計画に一言一句違わず踏襲された。Kuensel (2004/7/3) "The Four Pillars of Gross National Happiness".

＊37 Policy and Planning Division (PPD), Ministry of Education (MoE) (2008) *10th Five Year Plan (2008-2013) Education Sector*, Thimphu: MoE, p.13.

＊38 Ministry of Health (MoH) & MoE (2008) *Guide Book for Teachers*, Thimphu: MoH & MoE, p.1.

＊39 MoE (2009) *12th Annual Education Conference: Report and Resolutions*, Thimphu: MoE, p.14, 19.

＊40 Karma Ura (2009) *A Proposal for GNH Value Education in Schools*, Thimphu: GNHC.

＊41 Royal Education Council (REC) (2009) *National Education Framework Curricular Perspective 2009*, Thimphu: REC, p.18.

＊42 Hayward, Karen & Colman, Ronald (2010) *Proceedings Educating for Gross National Happiness Workshop, 7-12 December 2009*, Thimphu: MoE, p.6.

＊43 PPD, MoE (2010) *Matters: 28th Education Policy Guidelines & Instructions (EPGI 2010)*, Thimphu: MoE, pp.18-19.

＊44 *Ibid.*, p.i.

＊45 Department of Curriculum Research and Development (DCRD), MoE (2011) *A Guide to Advancing Gross National Happiness*, Thimphu: MoE.

*46 Education Monitoring and Support Services Division, Department of School Education, MoE (2013) *Educating for Gross National Happiness: A Training Manual*, Thimphu: MoE.

自他ともの幸せを目指す人間主義の経営

山中　馨

＊

　本稿では、人間の幸せを実現するためのビジネスの姿について事例を交えながら論じてみたい。近年、「持続可能な開発」という言葉の意味する深刻さや、地球の脆弱性が広く認知されるようになり、ビジネスに対する考え方も大きく変貌してきている。本稿では、一人の人間の幸せから論を始めて、地球環境を守るビジネスのあり方を明らかにする。

1.「自他ともの幸せ」について

　一人の人間の幸せといっても人間は一人では幸せになれない。これについて「神経経済学」を提唱する P・J・ザック教授は、次のように述べている[1]。

　　（私たち人間は、：筆者補足）「社会的な協力のネットワークに依存し続けることで生命と健康を保つ」

　　「私たちは集団を成せば栄え、単独でいたら身体的にも情緒の面でも長くは持たないということだ」

　ここでいう「社会的な協力のネットワーク」を具体的に言い表せば人と人との「つながり」のネットワークである。人間の集団をこの観点から分析する N・A・クリスタキス、J・H・ファウラー氏は次のように主張する[2]。

　　「これまで人間の重大な関心事は、個人の責任か集団の責任かという議論に集約されてきた。しかしながら、この議論からは第三の要因が抜け落ちている。私たちと他人とのつながりが最も重要であり、個人に対する研究と集団に対する研究を結び付けることによって、社会的ネットワ

ークの科学は人間の経験について多くのことを説明できる」

　社会的なネットワークとは、人間一人を一つの結び目として、それぞれの人々がそれぞれの結び目を成してつながっている人間のネットワークのことである。

　本稿で主張する「自他ともの幸せ」は、このような人間一人一人との結びつきの観点から論ずるものである。人間のネットワークとは、東日本大震災以来注目されている「絆」とよばれるつながりであり、伝統的には仏法用語で「縁」と呼ばれるものである。「縁」の考え方は、単に人と人とが知り合いであるという事実だけを言い表すものではなく、精神的な結びつきをその底流にみている。すなわち、「人間の心の奥底には、ある種の無意識の層が存在し、そこでは生命エネルギーが爆流となって流れている。そして、この生命のエネルギー流は、他の人の生命エネルギー流とも交わっている」と説かれるような人と人との心のつながりである。この「絆」もしくは「縁」の観点から、人間の幸せをみるならば、つぎのように表現できる。

　「全てはつながっている。この世に単独で存在しているものなど、何一つとしてない。いかなる人間も自分一個で生存を全うすることは出来ない。従って、社会全体を良くしなければ、自己の繁栄、幸福は確保できない。つまり、『他人だけの不幸』がありえないように、『自分だけの幸福』もありえない」。

　ネットワークからみれば、周りの人間はすべて不幸だが、自分だけが幸福であるということは、あり得ない。

　これについて、文献2では、次のようなデータを示している。

　「社会的ネットワーク内では不幸な人は不幸な人同士で、幸福な人は幸福な人同士で群れを作っている」。

　「幸福は、個人の経験や選択の結果にすぎないものではなく、『人の集団の特性』である」。

　以上をさらに、極言するならば「人の幸せの究極は、他人を幸せにすること」である。本稿でいう「自他ともの幸せ」とは、このように「他の人の幸せを追求することにより自己の幸せも実現できる」とする考え方である。先哲のことばに、これを一言で表した名言がある[3]。「譬へば人のために火をともせば、我がまへあきらかなるがごとし」。

松下電器（現パナソニック）創業者にして「経営の神様」と呼ばれた松下幸之助氏には様々なエピソードがあるが、氏の秘書として長く仕えたPHP研究所の江口克彦副社長（講演当時）は、松下氏の成功の理由を次のように結論している[4]。

「松下幸之助という人は人を喜ばせることに喜びを感じる人だった。優れた経営者というものは自分のことをさしおいても、周囲の人たちのことを一生懸命考える、周囲の人たちが喜ぶことに喜びを感じる資質というか、そういう人でないと成れないのではないか。これが松下さんが成功した理由です」

松下幸之助氏がビジネスで大成功を成し遂げた要因は、「自他ともの幸せ」の実践にありというのが、直接松下氏に接して薫陶を受けた江口氏の結論である。

この考えの背景には、「多様性の礼賛」があることを忘れてはならない。なぜなら、他の人の幸せを追求する行為には、他者への尊敬がその基礎にあり、それがまた、そのまま鏡のごとく自身の生命を荘厳していくのである。このような関係性では、自分の個性と他者の個性がぶつかり、摩擦を生ずることはない。逆に、相互の差異があったとしても、それを慈しみながら、花園のような調和を織り成していくことができる。ここで、花園との比喩を出したのには理由がある。花には様々な形や香りが存在する。そして、すべての花が桜に、あるいはすべてが梅になる必要はない。桜は桜、梅は梅、桃は桃、李は李として、それぞれが個性豊かに輝いていけばよい。つまり花は、それぞれの個性を強調して、しかも花園はそれぞれがぶつかることなく、調和を生み出しているのである。この花園のような社会では、己自身も自らの本然の価値を、内から最高に開花させていくことができる。この節の結論としていうならば「自他供の幸せの追求」は、今後の社会における「共生」の文化構築の指導原理ともなりうる思想である。

2．企業の目的と人間主義経営

企業の目的は、利益をあげることであるとは、古くから当然のごとく認識されてきたところである。ところが、「マネジメントの発明者」と称されたピーター・ドラッガーは、次のように述べた[5]。

「利益は企業や事業の目的ではなく、企業が存続するための条件である。換言すれば利益は企業が存続するための手段であり、第一義なのは事業そのものである」。

　実はこれは、現在では違和感なく受け入れられている考え方であるが、利益をあげることが企業の目的と一般に考えられていた当時、あたかも「天動説が信じられていた時代に地動説が出現したほどの衝撃を与えるものだった」と評されている。

　利益が企業存続のための条件であるならば、その存続すべき企業という組織は一体何であるのか。これについてドラッカーは、「企業は社会の代表的組織である」と定義している[6]。その意味するところは、「人の生活と生き方を規定し方向づけし、社会観を定め、問題を生み問題を解決していく社会組織」であると説明を加えている。

　以上を明確に示した具体的事例としては、やはり松下幸之助氏の事例をあげるのがふさわしい。氏の経営理念は有名な水道哲学である。すなわち「水道の水の如く物資を豊富にし、それを安価に提供し、貧困をなくす」[7]ことであり、さらにこれを幸之助の言葉で説明するならば、「単にソケットを作っているのではなく、この世から貧乏と犯罪をなくすという産業人の大使命のもとに働いている」ということである。実は、この水道哲学はドラッカーの思想を超越している。すなわち企業の目的として「第一義なのは事業そのもの」ではなく、当時の日本の社会から「貧乏と犯罪をなくす」という社会変革であるとしているのである。

　筆者が長年研究論文で主張してきた「人間主義経営」[8]は、この幸之助氏と同様の志向性を持つものである。「人間主義経営」という言葉は、世間一般でも使われる場合があり、その多くは従業員満足の経営や顧客満足の経営など人にやさしい経営を意味する言葉として使われている。しかし、筆者が主張する「人間主義経営」は、このようなイメージの言葉とは大きく異なる。人間主義経営の内容について本稿では、いまだに説明していない段階ではあるが、混乱を招くといけないので、一言注記しておくことがある。

　人間主義経営（Humanistic Management）については、近年世界的にその研究萌芽が出始め、スイスには Humanistic Management 研究センターが設立されている。しかし筆者が研究センター所長の Kimakowitz 博

士と議論した結果、氏の Humanistic Management と筆者の主張する「人間主義経営」には決定的な違いがあることが明らかになった。氏の Humanistic Management は、From the shareholder to the stakeholder economy と定義されている[9]。すなわち、従来の株主重視の経営からすべてのステークホルダーへの経営に舵を切ることを主張するものである。ところで、筆者の主張する「人間主義経営」は、以下に明らかにするが、経営の変革ではなく、経営の目的を明らかにするものである。つまり、Kimakowitz 博士は経営の変革を目的にしているが、筆者は、ある目的を達成する有効な手段として「人間主義経営」を取り扱うのである。

　それでは、「人間主義経営」の目的は何であるのか。結論を先に述べれば「世界平和」の実現にある。それでは「世界平和」とはどのような意味なのか。一般に「平和」の反対語は、「戦争」であると考えられているが、そうではなく、あらゆる「暴力」とすべきだと本稿では主張したい。あらゆる暴力とは、「戦争を含む貧困、飢餓、環境破壊、人権抑圧、性差別などの暴力」であり、平和というものは、そうした様々な暴力を根絶していく中に実現される状態であると考えるのである。

　以上のような暴力は、本来国家または国家が構成員となる国際政治社会が対処すべきものと捉えるのが一般的であるが、国際政治の社会ではこのような世界的な課題に対処することができないであろう。それは、トランプ大統領の米国をみればあきらかである。国家は、結局は自国の利益優先に走るものである。しかし一方、企業に国境はない。いまや、多くの企業は国を超えてビジネスを行っている。したがって、企業は国の利益にとらわれない。それどころか、グローバルにビジネス活動する中で企業は、貧困、飢餓、環境破壊、人権抑圧の現場を目の当りにしているのである。つまり、世界平和の実現を推進するにはビジネスを置いて他にない。これが本稿が主張するこれからのビジネスのあるべき姿である。

　結論していえば、企業がその目的として「自他ともの幸せ」の追求を行えば、自ずから社会変革への志向をもつことになる。「自他ともの幸せ」を社会に適用すれば、すなわち「世界平和」の実現である。従って本稿で述べる「世界平和」とは決して抽象的な概念ではなく、一人一人の人間の幸せの実現という具体的な概念である。

3．人間主義経営の具体的目標としてのSDGs

　人間主義経営の目的は、世界平和の実現であると述べたが、それでは具体的に何を目標とすべきであろうか。ここでは国連の開発目標 SDGs をその一例として取り上げてみたい。

　2015年9月の国連総会でミレニアム開発目標（MDGs）に代わる今後の国際社会の目標として「持続可能な開発目標（SDGs）」が採択された。MDGs から SDGs への過程で、全世界の約720万人がその意見をアジェンダ策定に反映させることを目的としてネットや紙で国連開発計画（UNDP）の調査に加わったと報告されている〔10〕。SDGs は、議論の途中で「設定目標が多すぎる」などの批判もあったようであるが、最終的に17の目標と169の達成基準で構成されたものとなった。

　主な目標としては、目標1「あらゆる場所であらゆる形態の貧困に終止符を打つ」、目標2「飢餓に終止符を打ち、食料の安定確保と栄養状態の改善を達成するとともに、持続可能な農業を推進する」、目標4「すべての人に包摂的かつ公平で質の高い教育を提供し、生涯学習の機会を促進する」、目標6「すべての人に水と衛生へのアクセスと持続可能な管理を確保する」、目標7「すべての人に手ごろで信頼でき、持続可能かつ近代的なエネルギーへのアクセスを確保する」、目標10「国内および国家間の格差を是正する」、目標17「持続可能な開発に向けて実施手段を強化し、グローバル・パートナーシップを活性化する」などである。前節であげたあらゆる暴力根絶の具体的な暴力がターゲットとして定められている。

　この SDGs は、MDGs を引き継ぐとともに地球環境保全に関する国際会議リオ＋20の流れも包含している〔11〕。従って17の目標には、「経済的」、「社会的」、「環境的」側面というトリプル・ボトムライン〔12〕における課題が組み込まれている。

　MDGs と SDGs の重要な相違点として、次の二つの点があげられている。一つは「連携」が強く意識されていることである〔13〕。上の三つの側面での課題は MDGs では独立して捉えられてきたが、SDGs では、その相互連関に焦点が当てられている。あらゆる地球規模課題を広範囲にカバーしている理由は、「開発上の課題が他分野の課題とも分かちがたく結び付いているという意識が浸透した」結果である〔12〕。もう一つの点は対象

地域の広がりである。MDGs は主に開発途上国を対象とした目標であったが、SDGs ではこれまで先進国の問題として捉えられていた課題も対象にしている。つまり、人類全体の課題を扱う取り組みであることが SDGs の重要度を高めている。

　本稿で主張する「人間主義経営」の立場から SDGs の内容をみてみると MDGs から SDGs への移行で、世界の意識は、人間主義の主張に近づいてきていると判断することができる。まず目を引くのが「Leave no one behind（誰も置き去りにしない）」という理念である。人間一人の存在に焦点を当てている点は、人間主義の観点からして肝要な態度である。人間主義では、第1節の冒頭で述べたように、まず一人の幸せがあり、そこから出発して世界平和へと改革を展開するわけであり、SDGs の Leave no one behind の理念は人間主義思想に通ずる部分として評価できる。

　上述した MDGs から SDGs への過程での発想の転換として「つながり」が認識されている点も人間主義の観点からは重要なことである。人間主義では、前述したように「縁」の観点からこの世界のそれぞれの事象について「全てはつながっている」とする捉え方が基本になっている。この意味で、SDGs で取られた「連携」の認識は、我々の主張する人間主義の考え方が実体を持った一例として国連目標に反映されたともいえる。

　SDGs の問題意識を突き詰めていくと、「今後は『豊かさとは何か』『幸せとは何か』といった精神的な問いが、先進国に限らず開発途上国において重要になるだろう」との倫理的課題に直面する[14]との認識がある。この「幸せとは何か」に対する答えの一つとして示しているのが本稿の「自他ともの幸せ」の考え方である。また、GDP に代わる「社会の幸福度を評価する新しい指標」を提起し、社会的な共通認識の指標とすることもその解決策の一つである。

（創価大学名誉教授、理学博士）

参考文献
1．ポール・J・ザック、「経済は『競争』では繁栄しない」、ダイヤモンド社、2013年
2．ニコラス・A・クリスタキス、ジェイムズ・H・ファウラー、「つながり」、講談社、2010年

3．堀日享編、「食物三徳御書」、『日蓮大聖人御書全集』、創価学会、1952年
4．江口克彦、「松下幸之助に学ぶ成功の法則」、"トップが語る現代経営"、創価大学講義録、9巻、創価大学出版会、2002年
5．竹内　一正、「ドラッカー実践力検定」、経済界社、2011年
6．P.F.ドラッカー著、上田惇生訳、「企業とは何か」、ダイヤモンド社、2008年
7．前岡宏和、「松下幸之助の遺伝子」、かんき出版、2003年
8．山中馨、「人間主義経営の試み」他、山中馨教授退任記念論文集、創価経営論集、第42巻、第1号、2018年
9．Ernst von Kimakowitz,「An Introduction to Humanistic Management」, 創価経営論集、第41巻第1号、2016年
10．UNDP(2015)、「持続可能な開発目標（SDGs）採択までの道のり」、http://www.undp.org/content/tokyo/ja/home/presscenter/articles/2015/08/21/sdg.html（2015年11月4日参照）
11．蟹江憲史、「問われる先進国の当事者意識」、国際開発ジャーナル、No.701、2015年
12．山中馨、「CSR と人間主義リーダーの重要性」、『創価経営論集』、第30巻第1号、1〜16頁、2006年
13．荒木光弥、「官民連携の新たな進化」、国際開発ジャーナル、No.701、2015年
14．北村友人、山本太郎、「『量から質へ』の転換目指す」、国際開発ジャーナル、No.701、2015年

潜伏キリシタンの幸福観

山口 誠治

はじめに

　2018年6月30日、ユネスコは「長崎と天草地方の潜伏キリシタン関連遺産」を世界遺産に登録した。

　日本の国で250年にわたるキリスト教禁教下にも関わらず、1805年天草崩れで潜伏キリシタンが5,000人以上も発覚した。その間、キリシタンの存在を密告した者には多額の報奨金（最高で銀500枚・現在の価格で3500万円相当）が提示されていたが、その日暮す生活費にもこと欠く天草の人々は、身近にキリシタンの存在を知っていたにも関わらず、誰一人密告する者はいなかった。しかも、潜伏キリシタンの周囲にいたのは仏教と神道の信者がほとんどで、彼らは静かに潜伏キリシタンの命と生活を守り続けたのだった。

　このような天草、及び長崎の歴史と文化は、世界的にみて稀有で、驚嘆するものというのが、ユネスコの評価だった。

　しかし、文化遺産として価値ある天草の潜伏キリシタンの歴史には、他方において、幸せな社会とは何であるかを根本的に考えさせられる重大な2つの価値観が見て取れる。

　1つは、1637年に勃発した天草島原の一揆にみる、身分差別が激しい封建社会において下層階級の人々が命がけで訴えた「平等な社会」であり、もう1つは宗教的対立を乗り越えて諸宗教が融和した「平和な社会」の実現である。平等と平和に関しては、現代の国際社会が共有する基本的な価値観であるが、封建社会の天草の人々にとってそれは理想郷であり、キリシタンのパライソ（天国）であり、仏教徒の極楽浄土を意味するものだった。

本稿は、宗教が元で対立や戦争が絶えない国際社会において、かつては同じ道を歩んだ天草の人々が、やがて宗教を越えて潜伏キリシタンを守るに至った歴史と文化を省みながら、宗教本来の使命である平等と平和な社会とは何かを考察してみたい。

1. 平等に生きる権利を奪われた農民

3万7000人の訴え

1637～1638年に3万7000人の一揆軍が、12万5000人の幕府軍を相手に闘った日本史上最大規模の天草島原の一揆の要因には、3つの見方がある。

1つは、時の権力者によるキリシタンの迫害、弾圧に対するキリシタンの反乱という見方だ。

2つ目は、戦国時代から江戸時代にかけて、敗戦して浪人となった藩の家臣たちによる国家転覆をねらったクーデターという見方だ。

そして最後は、領主による領民の非道な重税の取り立てに対する抵抗、訴えという見方だ。

この3つの要因は、歴史家たちの視点によってどの側面が最も強かったかが異なるが、同時にこの3つの要因が相まって起こったのが天草島原の一揆だった。

島原半島の古城原城に籠城した3万7000人の一揆軍の大半は日頃は農事や漁業に勤しむ人々で、片や松平信綱を総大将とする12万5000人の幕府軍は、全国から集結した侍たちによる職業軍人で、そこには時の権力者と、それに支配された人々の対立の構図がはっきりと浮かび上がる。

江戸時代の最高権力者は、実質的には徳川家であり、一私人である徳川家が国家権力をにぎる独裁国家だった。その統治を円滑に効率よくするために「士農工商」の身分差別を敷いて国を統治した。そこから、権力によって支配する者と支配される者の違いが生まれ、独善的な権力者によって支配された領民達は、生活することさえ困難な状況の中で、悲惨な制裁に見舞われたのだ。

中でも、島原藩主松倉勝家の領民に対する年貢の取り立ては常道を逸して非道極まりなかった。

年貢を納められない庄屋に対して胎児を身ごもった嫁を、川に設けた水

牢に十日間も見せしめにさらして殺したり、手を縄で縛って蓑を着せて火あぶりにして拷問したりした。また、江戸幕府によってキリシタン禁教令が発布された後は、年貢を納めない農民だけでなく、キリシタンにも制裁を加えて改宗を促した。

島原や天草の領民は元々キリシタンが多かったが、そうでない領民もいて、その日食べる米さえも取り上げられ、領主の人を人とも思わない極悪非道な素行に業を煮やした島原と天草の領民たちが集結して起こったのが天草島原の一揆だった。

天地同根の価値観

天草島原の一揆において、原城に籠城した一揆軍から幕府軍に放たれた矢文がある。

　　天地同根万物一体　一切衆生不選貴賤　（耶蘇天誅記）

その意味するところは、すべての命は同じ天地を元に生まれたもので、万物は一つであり、すべての人々に身分の差別はないと、人の命の平等を訴えている。

これは、キリスト教の隣人愛の影響もあるが、同時に百姓たちが身分差別によって虐げられていたことに対して、領主も領民も同じ人として本来差別はないことを、仏教の教えである天地同根思想に基づき訴えたものだ。

当時、天草に宣教した伴天連は、キリストの愛の教えを実践すべく、伝染すると恐れられたハンセン氏病患者に対して手厚く看病して、優しく見守り、キリストの教えを説いていた。

また、宣教師達は身寄りのない孤児たちのために孤児院を作って育てたり、障がい者を保護したり、貧しい社会的弱者に対して献身的に尽くしていた。

人間の魂に格差はなく平等であることを信条とするキリシタンの教えは、仏教の法界平等の教えと通じるものであり、士農工商を社会的規律とする日本の社会において被差別階級の領民たちは、異なる宗教に共通する平等思想を信じていたのだった。

ところで、天草島原の一揆が終結した後、幕府は天草を天領として、鈴木重成（寛永18年・1641年〜承応2年10月15日・1653年12月4日）を初代代官と

して命じた。

鈴木家は、戦国時代から徳川に仕えた旗本で、鈴木重成は幕府の信頼も厚く、天草の戦後復興と同時に、二度と一揆が起こらないようにする大任を背負って天草に赴任したのだった。

鈴木重成は、天草に赴任する前は、上方の代官として務めたが、大坂の領内に隠し田が見つかり、京都所司代により一族郎党すべて処刑にするという通達が出た時、せめて女子供の命は救ってほしいと赦免を願い出て、それが聞き届けられた経緯があった。

戸主たちはすべて打ち首獄門となり、没収された家財は代官預かりとなったが、その家財で鈴木重成は二十五菩薩の仏像を作り、亡くなった領民達の魂に毎日手を合わせて供養していたという。

単なる役人ではなく、人格的にも優れた為政者として天草へやってきた鈴木重成は、島内の隅々まで検地した。その結果、天草島原の一揆は実状に見合わない倍以上の年貢を領主により領民が取り立てられていたことが主因だと鈴木重成は判断した。

そのため、鈴木重成は、代官であるにも関わらず、幕府に対して再三にわたり、天草の石高半減の嘆願を繰り返す。しかし、幕府はその嘆願を受け入れなかった。最期は、鈴木重成は江戸屋敷で石高半減の嘆願書を認め亡くなった。幕府の記録では病死としているが、実際は切腹であったと当時の天草の人々の間で云われていた。

鈴木重成の次に息子の鈴木重辰が代官となるが、その時鈴木重成の請願が聞き入れられて、万治2年（1659年）6月に石高が半減となった。これにより天草の領民たちの暮らしは救われた。現在でも天草の恩人として、鈴木重成、重辰、そして重成の兄であり僧侶である鈴木正三を祀る祠が天草中に点在している。

天草の領民たちの暮らしを守るため、鈴木重成が命を賭して幕府に嘆願した背景には、身分の差別を越えて、誰もが同じ人として当り前に暮らす幸せを願ったことをうかがい知ることができる。

鈴木正三と法界平等思想

鈴木重成は、代官として天草に赴任した時、天草の人たちの荒廃した心の復興をなすために、兄であり禅僧だった鈴木正三に頼る。

鈴木正三は、四十代まで侍だったが、以前から僧侶となる志があり、幕府は特例であるが「病気扱い」として、家を断絶されることなく僧侶へ転身した人物だった。それだけ将軍家からの信認も厚かった。

　その鈴木正三が天草に来て苦心したのは、一揆により精神的支柱を失った領民たちの心をいかにして復興させるかだった。

　その鈴木正三が書いた本の中に、このような歌がある。

　　庭に成るちりぢり草の露までも

　　陰をひそめて宿る月かな　　　　　（盲安杖）

どんな小さな草の中にも、月影が宿るように、天は万物に平等に命を与えているという意味だ。

　これは、仏教の法界平等の教えを説いたもので、天草島原の一揆軍が幕府軍に放った「天地同根」の矢文の意味と変わらない。法界平等とは、仏教の経文において「願文」や「回向文」の最後に出てくる「乃至法界平等利益」（このお勤めの功徳は、この世のすべての人たちの幸せのため）から来ている文言だ。

　天草島原の一揆から210年後の弘化4年（1847年）「弘化の大一揆」が起こった。これは第二の天草一揆と云われ、間引きの慣習がなかった天草は、江戸時代のはじめと終わりでは10倍も人口が増えたため、生活苦にあえぐ1万人以上の領民たちが一揆を起こした。

　この一揆では、領民の側についた一部の大庄屋や庄屋たちが、長崎奉行所に嘆願するだけでなく、江戸に出向き駕籠訴に至った。

　その時、古江の庄屋永田隆三郎は、一揆が勃発する以前から、「法界平等」と刻んだ碑を領内にいくつも建て、現在もその碑が残っている。

　「法界平等」とは、「天地同根」と同じく、天地の間に生を受けた万物はすべて平等な魂を与えられているという仏教の教えだ。

　キリシタン伝来時も、キリシタン禁教時も、天草の人々は常に不平等な社会に対して、人間はみな平等な魂であることを訴え続けてきたのだった。

2．潜伏キリシタンを守った神道と仏教

なぜ潜伏できたのか？

1805年、天草島の高浜、大江、﨑津、今富の4つの地域で5000人以上の

潜伏キリシタンの存在が発覚する「天草崩れ」という事件が起こる。

　これは、霜月祭という牛の肉を祭壇に祀るキリシタンの儀式が露見したことがきっかけとなり、大規模な潜伏キリシタンの検挙に至ったものだ。ちなみに霜月祭とは、現在のクリスマスに当たる。

　ここで不思議に思うのが、なぜ禁教令下の天草で長年にわたりキリシタンが潜伏できたかである。

　嘱託銀は、江戸幕府が犯罪に関する密告を奨励するために出した褒賞金制度である。特にキリシタン取締のために出された訴人報償制が知られているが、嘱託銀は1618年当初30枚だったのが、次第に増額され1674年には500枚になっている。

　銀500枚の価値は、金358両（約3580万円）程度で、その日暮らしの農業や漁業を営む貧しい天草の領民にとって、この金額は一生遊んで暮らせるほど贅沢な額だった。しかし、天草ではキリシタンの存在を知っていながら密告する者が一人もおらず、1873年（明治6年）に明治政府がキリスト教の信仰を許可するまで、1612年（慶長17年）のキリシタン禁教令から数えて実に261年も潜伏し続けたのだった。

　ユネスコはその点に着目して、世界でも稀にみる文化遺産として世界遺産に登録したのだ。しかし、あらためて問い直したいが、なぜ潜伏キリシタンの存在が長期にわたり発覚しなかったのだろうか？

　天草には潜伏キリシタンばかりではなく、周囲には神道を信じる氏子や、仏教の信者がたくさんいたのに、である。

かつて敵対した宗教

　1566年、ルイス・デ・アルメイダによって天草にはじめてキリスト教が伝来した。

　その時、天草を統治していた5人の領主たちは、ポルトガルとの交易を目的にキリシタンに改宗した。

　その後、キリシタン大名だった小西行長が天草を統治するが、その時に天草中の神社や仏閣を破壊し焼き払い、僧侶を弾圧する。

　天草市河浦町にある浄土宗観音寺には、小西行長が川に投げ捨てた観音菩薩像が現在も本尊として祀られている。

　同じく天草市本渡町にある曹洞宗染岳観音院は、かつて小西行長によっ

て焼き払われたという記録が残っている。

　また、キリシタンに改宗した大矢野島の領主大矢野種基は、キリシタンへの改宗を思いとどまらせようとした長老の老僧を殺している。

　天草は、キリシタン弾圧の歴史がクローズアップされるが、実は仏教がキリシタンによって弾圧された歴史があった。

　その後、豊臣秀吉や徳川幕府のキリシタン禁教の強化により、キリシタンの迫害、弾圧が厳しくなっていった。

　天草島原の一揆後は、表面的には天草にキリシタンは存在していないことになっていた。

　しかし、前述の通り、明治維新に至るまで天草には多くのキリシタンが潜伏していた。

　さて、ここで問題なのは、かつては敵対した神道や仏教など日本の宗教の信者がなぜ潜伏していたキリシタンの存在を密告しなかったのかということだ。

　天草の地域性を知る人は、天草の人々がいかに親和的なのかに驚く。

　例えば、郊外の地域では、現在でも家に鍵をかけない家庭が多い。鍵をかけていたら逆に近所の人から怒られる事態に直面する。

　なぜなら外出先から帰ってきたら、冷蔵庫の中に魚を入れてあったり、玄関先に採れたての野菜や果物が知らぬ間に置いてあったりするのだ。誰が置いたのかは知らないが、後で会った時に挨拶の中で「この前、野菜を置いといた」と言われるのだ。

　幼子を近所の婦人に預けて用事に出るのも日常茶飯事で、留守中に誰が家に訪ねてきたかを周囲の人たちは知っていて、教えてくれる。

　現代でもこのような土地柄が残る天草なので、昔はもっと濃厚な近所づきあいをしていて、現代ほど情報が氾濫していないので、どんな小さなことでもみんなが知っていた。どこの家で誰がどんな神様や仏様をお詣りしているかは、お互いに周知していて、当然、仏教や神道とは違うお祈りをしているキリシタンについても知っていたに違いない。

　貧しい土地柄、家族も多くて、生活も楽ではなかったはずで、密告すれば一生家族が楽に暮らせるほど膨大な報奨金があったにも関わらず、当時の天草の人々は潜伏していたキリシタンを密告をしなかった。

しめ縄と仏壇の秘密

　天草には、昔から正月のしめ縄を年中はずさずに玄関先に飾る風習がある。

　玄関のしめ縄飾りは、その地域に祀る神社の氏子であることを示すもので、「うちは神道です」と、対外的に明示したもので、一年中しめ縄を飾ることで、キリシタンと疑われないようにしたものだ。

　また、二代目の代官鈴木重辰は、天草の島民たちに必ず家に仏壇を置くことを強要し、他家を訪れた時には、まず最初に先祖を祀る仏壇に手を合わせるように促した。

　この２つの慣習が天草でキリシタンが長らくの間、潜伏できた要因だとされる。

　しかし、それだけではない。なぜなら、潜伏キリシタンは代を重ねるにつれて、キリシタン伝来当初の原型ともいえる礼拝の仕方が崩れ、「あんめんでうす」なる呪文を唱えるようになり、そこに日本古来の修験道や、様々な呪術的な信仰が加味され、もはやキリスト教とは似て異なる信仰に変異していったのだった。

　そして、日本の神仏混淆に加え天草ではキリシタンも加わった神仏キ混淆の独自文化が伝承されていて、ほとんどの場合自らを明確なキリシタンと自覚する者はおらず、先祖伝来の祈り方として継承していたものだったのだ。

　天草の潜伏キリシタンが禁教下において長年にわたり発覚しなかった理由は、外的な環境と同時に天草の人たちの内的な世界観、人生観によるものだ。

　国際社会では、異教徒に対する迫害、弾圧、敵対、戦闘などが頻繁に起こっている。それは、一神教を信じる人々が、唯一絶対と考える自分達の宗教に対する自負心、それが高じて独善的な信仰が基盤にあると考える。

　しかし、昔から日本人の信仰は多神教で、他の宗教の対しても寛容で、何を拝んでも結局は同じ偉大なる存在を名前を変えて拝んでいるような感覚があったのだろう。偉大なる存在とは、自分の命の根源であり、この世と人間を生み出し、今もなお守っていると信じられている守護者で、それを神と呼んだり、仏と呼んだり、自然と呼んだり、天と呼んだりするもの

だ。

　仏教においては、何を拝んでも大日如来の化身であり、神道においては何を拝んでも八百万の神々であるのと同じ感覚で、時が経つにつれて潜伏キリシタンの信仰にもそのような日本的な信仰が土台となったと推察する。

　安土桃山時代から江戸時代初期にキリスト教会の宣教師達が天草にいた時は、ヨーロッパの人々たちが唯一絶対神に対して敬虔な祈りを捧げたように、天草のキリシタンも厳格に礼拝のあり方を守っていた。

　しかし、徳川幕府により伴天連が追放され、キリシタンが禁教となってから、潜伏キリシタンが子々孫々にキリスト教の教えを継承していく中に、次第に回りの神道や仏教、あるいは地域に土着した呪術的な信仰と相まって、やがて融和していった。それが、天草の潜伏キリシタンで、そこに宗教的な対立や起こらず、そのためキリシタンを密告する者も現れなかった。

　彼らは、貧しい生活の中にも、お互いにたすけ合いながら、それぞれの命と生活を尊重しながら生きてきたのだ。

3．﨑津三宗教の御朱印が意味するもの

三宗教が一つとなった御朱印

　天草の潜伏キリシタン関連遺産が世界遺産に登録されてから1ヶ月後の2018年7月29日に﨑津地域にある3つの宗教で、「世界遺産登録記念巡拝と御朱印の調印式」が執り行われた。

　神道は﨑津諏訪神社、仏教は曹洞宗普應軒、キリスト教はカトリック﨑津教会で、3つの宗教が1つとなった御朱印を発布したのだった。

　御朱印とは、日本の神道や仏教の霊場に参詣した証として喜捨銭を供えて戴くもので、西欧の宗教であるキリスト教会において御朱印を発布することはなかった。天草のキリスト教会が御朱印を発布するに至っ

﨑津三宗教の代表者

た経緯は、天草八十八ヶ所霊場巡りに起因する。

　これは、天草八十八ヶ所霊場巡りの巡拝者が、﨑津の霊場である曹洞宗普應軒に巡拝した折に、近隣の﨑津諏訪神社とカトリック﨑津教会にも参詣していたことから、天草八十八ヶ所霊場先達会から世界遺産登録を記念して、三宗教の御朱印の発布を願い出たのに対して、三宗教の代表者が協力する意向を示したことで実現したものだ。

　カトリック﨑津教会の渡辺隆義神父は、「天草といえばキリシタンが弾圧された歴史が注目されるが、実はキリシタンが神道と仏教を弾圧した歴史もある」と語り、さらに「キリシタンが禁教下において潜伏できたのは、独りキリシタンの強い信念と力によるものではなく、周りの神道や仏教の信者たちが守ってくれたお蔭である」と語った。

　このことは、過去の対立を乗り越えて、お互いを尊重して生きてきた潜伏キリシタンと日本の宗教の融和を物語るもので、天草の歴史と文化を象徴した言葉でもある。

国際社会に投げかける天草の幸福論

　この式典の中で、神道、仏教、キリスト教のそれぞれの代表者が挨拶で述べた言葉に、潜伏キリシタンを守り続けた天草の精神文化が見て取れる。それは、世界史上稀にみる凄惨な宗教弾圧の歴史を乗り越えた天草から、現在も宗教の迫害、弾圧、対立、戦闘が横行する国際社会に対して、宗教本来の役割とは何かを問うメッセージでもある。

　以下、2018年7月29日カトリック﨑津教会で執り行われた﨑津三宗教御朱印の調印式における各宗教の代表者による式典の挨拶の概要を記載する。

■曹洞宗第二宗務所　村上和光所長の挨拶

　「天草には約150ヶ寺のお寺がございます。我々は曹洞宗でございますが、その他に浄土宗、浄土真宗などいろいろな宗派がございますけれども、天草の潜伏キリシタンの歴史の中で、ずっと辛い思い苦しい思いをしてこられた訳ですけれども、こうやってやっと日の目を見る日がやってきたことを思う時に、私達の先人達、そして天草に住む島民達の心の優しさがいまクローズアップされています。

　いま曹洞宗では、こういうスローガンがあります『共に願い、共に寄り

添い、共に歩む』、このことをずっとこの地区の方々、天草の島民の方々は宗派を越えて寄り添ってきた訳でございます。

　もちろん歴史的にはいろんなことがあったのですが、我々が生きていく上では、各集落において決してその人たちを裏切ることができないのです。それが同行二人というように、私達の中には、自分ともう一人の自分がちゃんといるのです。本物の自分ともう一人の自分がいる。本物の自分と、仏様、あるいは観音様、あるいはお大師様が共に住んでいるのだといわれています。

　（中略）

　私どもの宗派の普應軒という﨑津のお寺は、お観音様がご本尊でございます。そしてまた潜伏しておられた方々は、観音様の裏に十字架を刻み、マリア観音として祈ってこられたのが﨑津の歴史でもあり、天草の歴史でもある訳でございます。

　（中略）

　宗教というものは、一向に壁はございませんし、隔たりはないのです。いつでもどなたでもどうぞお入り下さいというのが、宗教の門であるわけでございます。皆さまの信じる心、赦しあう心、そして他を思いやる心、これを一生涯が続けて頂くことをお願いさせて頂きながら、仏教者の代表としてご挨拶に代えさせて頂きます」

■﨑津諏訪神社　木下久榮宮司の挨拶

　「今日は、大変おめでたい日でございます。心からお祝いを申し上げたいと思います。

　みなさまは、サムシンググレートということを聞かれたことがあると思いますけれども、この世の中には人間の力を越えた偉大な方の力があると、この頃は科学者をはじめ多くの方々が言い始めております。

　その方こそ、神様であり仏様ではないかと、私は思うのであります。

　そして国により、民族、風土によって、信じ方、考え方は違いますけれども、最終的に行き着くところは、そのサムシンググレートと呼ばれる、この世の中におられる偉大なお方ではないかと思っております。

　仏教の方も、神道を信じていて下さいますけれども、神道は多神教と申しまして、たくさんの神様がおられます。元々日本人は農耕民族でござい

ましたので、自然の中に神様のお力を感じて、水は水の神様、火は火の神様として感じ取って、その神様達を大切にし、感謝をし、特に豊作などお願いをしてきた民族でございます。

　自然の神様だけではなく、いろんな神様がおられる訳でございますけれども、清らかな心、明るいみんなと仲良く、誠実に生きていきなさい、これが神道の教えでございます。

　そして私達の命がつながっている、ご先祖様を大切にしていくようにという基本の考えを教えております。

　私たちは、生まれながらに社家と申しまして、神主の家に生まれた訳でございますけれども、小さい時からみんな同じ氏子さんなので、仲良く可愛がってお仕えをしなさいと育てられましたので、小さい時はお釈迦様の甘茶を頂いたり、クリスマスにはクリスマスのお餅をご馳走になって過ごして参りました。

　アイルランドの方から大江の教会に神父さんがおいでになっておりましたけれども、私の母に私の姉のようだと、アイルランドから送ってきたお花の種を下さったのを記憶をしております。

　そういう風にして、あまり分け隔てなく過ごしてきたように思います。

　話は違いますけれども、﨑津のお祭りはとても活気があってにぎやかでございます。それが何百年と続いてきたということは、他の宗教の方たちが尊重しながら、仲良くして下さったから、お祭りが何百年と続いてきているのだと、それが仲良しの証ではなかろうかと思っております。

　今日は市長さんが巡拝をして頂いて、御朱印を頂いてくださいました。﨑津の宗教は仲良くしなさいよというお手本を示してくださいましたので、それを見習って、みなさんと仲良く、楽しく、穏やかな生活を続けていきたいと思っております。

　本日起こしの皆さまのお幸せをお祈りしながら、私の挨拶に代えさせて頂きます。本当に今日はおめでとうございました」

■カトリック﨑津教会　渡辺隆義神父の挨拶

　「今日は、﨑津教会に起こし頂きまして、有難うございました。

　ご承知の通り、﨑津集落が世界文化遺産に登録されまして、これまでの道は天草市をはじめ大変なご苦労であったと思います。心から感謝申し上

げたいと思います。

　今日の集いが、山口さんからご相談があった時に、教会で般若心経を唱えるという話があったのですが、私はとても時機に叶ったことだと思ったのですね。

　といいますのも、だいぶ前になりますけれど、般若心経をちょっと勉強したことがありましてですね。いろんな解説書を読んで、どんな意味なのかを勉強したことがありました。

　そんな中で、今日その心というものを思い出しました。それはですね、執着してはならないということです。過去にはたしかにいろんなことがあったと思います。でも過去に執着しないで、未来に向かって歩んでいく、このような思いで私は皆様方のお祈りをお聴きしておりました。

　そういう意味で、今日は皆様のお祈りを聴く機会を与えて頂いたことに心から感謝致します。また時々、﨑津教会にもお寄りいただきたいと思います。本日は、どうも有難うございました」

　なお、当日執り行われた記念行事の内容は、以下の通り。
《世界遺産登録記念巡拝と御朱印の調印式》
　　2018年7月29日日曜日10時30分〜
　　（会場…曹洞宗普應軒本堂）巡拝者61名
【御朱印調印の儀】
　・巡拝者による般若心経と御詠歌の唱和
　・村上和光住職が普應軒の御朱印を調印して中村五木天草市長が拝戴
《﨑津諏訪神社へ移動》
　・﨑津諏訪神社の神職によるお清めの儀
　・巡拝者による般若心経と御詠歌の唱和
　・木下久榮宮司が﨑津諏訪神社の御朱印を調印して中村五木天草市長が拝戴
《カトリック﨑津教会へ移動》
　・畳敷きの聖堂に正座して巡拝者による般若心経と御詠歌の唱和
　・渡辺隆義神父による祝福の祈りを受けて巡拝者一同「アーメン」と唱える
　・渡辺隆義神父が﨑津教会の御朱印を調印して中村五木天草市長が拝戴
《引き続き式典行事》
　・中村五木天草市長のご挨拶

・村上和光住職のご挨拶
・木下久榮宮司のご挨拶
・渡辺隆義神父のご挨拶

終了

崎津三宗教の御朱印

おわりに

今日、「共生」という言葉は、平等、平和、幸福な社会を基本とする社会では、常識的な社会の通念となっている。

不平等、対立、不幸な社会では、「共生」という概念が希薄で、支配者層と被支配者層の構図で社会が形成されていた。

天草のキリシタン伝来と弾圧、潜伏の歴史は、まさに支配者層と被支配者層で構成される封建社会の中で繰り広げられた。

その中にあって、支配者層の中にも、被支配者層の中にも、社会は生きとし生けるものが「共生」して暮らすものだという意識を持つ人々があった。

「共生」の意識をもつ人々は、たとえ封建社会の中で差別されても、信教の自由が奪われても、お互いの命を尊重し、お互いに生活を支えあって暮らしてきた。

天草の潜伏キリシタンが注目される理由の一つは、目に見える物質的な文化ではなく、目に見えない共生の文化の存在によるものだ。

共生の文化は、時代を越え、地域を越え、国を越え、民族を越え、宗教を越え、思想を越えて、人類の恒久平和と幸福な社会の基盤となる。

そのような視点で、天草の潜伏キリシタンの歴史と文化を見た時、私たちは過去の悲惨な歴史から学び、すべての人々が幸せに暮らす社会を作る数多くのヒントを読み取ることができると思う。

ＧＮＨ発祥の国ブータン王国も、異教徒による宗教による迫害や弾圧の中で苦難を味わった歴史がある。

　宗教の理想と現実のはざまにあって、私たちは今一度宗教の本来の役割とは何かを問い直し、幸福な共生社会の実現に向けて現実的な歩みを進めていきたい。

《参考》

・嘱託銀
https://ja.wikipedia.org/wiki/%E5%98%B1%E8%A8%97%E9%8A%80

・鈴木正三著『盲按杖』

・松田唯雄著『天草近代年譜』

・玉木讓著『天草河内浦キリシタン史』

対談 幸福度を高めるための幸福度指標の役割

西川太一郎氏 （荒川区長）
中村　五木氏 （天草市長）
ペマ・ギャルポ氏 （日本GNH学会副会長）

ペマ　早速、進行役を務めさせていただきたいと思います。

　この会は小さい会ではありますが、私は小さくてもキラリと光り輝く会にしていきたいと思っていますし、各理事の先生方が理論的に支えて下さっています。事務局長も、若い方たちが一生懸命に頑張っていますので、「会長と副会長は留守で良い。」という感じです。ただ、幸いにして日本では色んな行政機関までもがGNH学会に関心を持っていただいており、それをパイオニア的に実際に行政に取り入れて下さった、日本国内では有名なお二方に来ていただいております。

　それから、いつも力を貸して下さって、いろいろと促進して下さっている、山口誠治さんからも、後ほど、天草に関して発表があると思います。

　私の方からは質問したいことを事前にお渡ししてありますが、時間の関係もありますから、私は司会に専念し、あまり話さずに、お二方にお話ししていただければと思っております。

　最初に荒川区長である西川太一郎さんから自己紹介と幸福増進について、また、行政で取り入れようと思った経緯について、話をしていただきたいと思います。

西川　ご紹介いただいた西川でございます。どうぞよろしくお願いいたします。

　私は首長になって16年目になります。この学校（早稲田大学）を卒業し、大学院にいきまして経営学と経済政策を勉強しました。34歳の時に、

東京都議に出馬をして当選しました。以来、都議を16年、衆議院議員を11年、区長を14年やってまいりました。もうずいぶん年をとりましたが、若いころ自分の書斎に居りまして、普段はテレビを見ませんが、まさに天の啓示と言いましょうか、その日テレビをつけてみたのです。

　そしたら、今でも大変仲良くお付き合いをさせていただいております月尾嘉男先生が、テレビでブータンの幸福について、ワンチュク国王のご活躍の解説をしておられました。私は、その番組に大変魅せられて、それから月尾先生をお訪ねして、ご指導いただくようになり、今日のファシリテーター（ペマ・ギャルポ氏）ともお付き合いが始まって、今日に至っているわけであります。

　今日は、中村天草市長さんと、それぞれの自治体で、どのようにして幸福実感都市を経営しているのか、作っているのか、経験を申し上げたいということで参加した次第でございます。どうぞよろしくお願い申し上げます。

ペマ　ありがとうございました。それでは、天草市長中村さんも同じように、よろしくお願いいたします。

中村　ご紹介いただきました、熊本県の最南端でございます、天草市の市長をしております、中村五木と申します。

　今回は、荒川区の西川区長さんと一緒に参加させていただけるということで、よろしくお願いいたします。私は市長になりまして３年６カ月ですが、市長になる前、2010年から荒川区の研究についての本がいくつか出版されていますが、偶然本屋で見つけました。本が出版されるたびに購入しまして、市議会議員の時からずっと読んでおりました。

　私たちのところはご承知のとおり、平成18年3月27日に２市８町、熊本県でも683平方キロメートルと大変広い地域で、それぞれの町が分散している行政区で合併したため、大変な状況でありました。

　そんな中で私は、荒川区の西川区長さんの本を読んでいたのですが、私が小さい頃は、田舎はみんな、隣近所で助け合って生活していたと思います。合併してから様子が一変しまして、200人いた行政の職員は100人になり、10年過ぎた今では60人になってる。要するに地元の職員もいなくなる、そして権限者もいなくなる、予算も少なくなる、さらに周辺部の方々の不平不満の声が、非常に挙がってくるようになりました。西

川区長さんがおっしゃったように、何とか地域力をつけなければいけないと、私も非常に共感をいたしました。

　地域力をつける。その上に職員力をつけることが一番良いのではないかという思いで、今回荒川区の研究の本を題材として、逐次勉強させていただきまして、自慢することは全くございません。真似をしながら行っているというところであります。ご了解いただければありがたいと思います。

ペマ　どうもありがとうございました。

　西川区長さんから、行政で GNH の思想を応用する過程において、現場でどのような形で行っているのかなど、その中身についてお話しいただければと思います。

西川　ありがとうございます。平成21年（2009年）に荒川区自治総合研究所を、ペマ先生のお力添えと、早稲田大学の藁谷教授のご指導をいただきながら、創設いたしました。所長には、二神恭一前早稲田大学名誉教授につづいて、現在は藁谷教授にご就任いただいております。

　我々は、現場の職員をいくつかに分けて、ワーキンググループを立ち上げ、指標の作成に取り組みました。単に幸福と申し上げても、どんな基準があり、どういう範疇があり、カバーするべき分野について、職員が自覚を持ち、単に役所のルーティーンワークを淡々とこなすのではなく、どうしたら区民の皆さんが「ああ、自分はこの地域に住んでよかったな。」「この地域の行政は、こういうことについて、よく研究してくれているな。」というふうに思っていただけるように、私たちは、地方でもそうだと思いますが、新宿区でもそうであり荒川区でも、約200ヶ所の町会という地域のローカルな組織がございます。ここには町会長という無給かつボランティアで選出される、町の指導役の方々がおいでになります。約200の町会により、10の地域で、町会連合会が構成され、木内さんという方を全体の会長にし、10地区に木内さんを含めて10人の町会連合会長がおいでになっています。200の町会を監督していただいて、ともに意見の交換や政策の充実というものを検討し、区役所の職員諸君と勉強会をしております。これが一つのポイントになっていると存じます。

ペマ　ありがとうございました。中村市長さんの方からも同じようにお話

しいただければと思います。

中村　先ほど申し上げましたが、天草市は大変広い地域でありまして、市役所には9つの支所を配置しておりますが、周辺部の意見が届かないという問題がありました。

　私が3年6カ月前に市長選に立候補するときに、マニフェストの中で「市民目線の行政改革」を一番に掲げていた関係で、私も25歳から11年間、市役所に勤めていたのですが、天草でも一番南の牛深市役所というところに勤めていました。私が牛深市役所で勤めていたときは、係長を中心に、パソコンも計算機もありませんでしたから、係長がきちんと部下に教えてくれる、係長に聞けばすぐに答えが出てくる、という時代で育ってきました。

　私が市長になって、28年ぶりに市役所に入りましたが、市民の皆さんがおっしゃることは昔と何ら変わらない、きちんと勉強なさっておっしゃっているのに、対応する職員の「職員力」がついていない面を私は感じました。市民目線に戻そうと考えていた中に、荒川区が研究なさっていることに目をつけました。もともと、荒川区の研究については、私の頭の中に入っていたものですから、地域力を上げるには、職員がまず職員力を上げなくてはダメだと考えて、市民目線を感じてもらうために、職員に現場を見て感じてもらおうということで、市役所の新規職員と市役所の支所職員、そして私が天草市社会福祉協議会の会長も引き受けておりましたので、社会福祉協議会職員に、私が指定した地域を対象として幸福量調査を行ってもらいました。この3名を一組にして一戸ずつ、訪問調査に回らせようということで、　訪問したときに住民がいらっしゃらなければ3回まで出向いてお尋ねする形をとりまして実施しました。

　まず自分のことは自分でやって下さいと、自助ですよ。幸せも自分で、まず自分の考えで確保して下さい。もし自分で確保できなければ、共助として皆さん方の地域で、昔みたいにしてそれぞれが支え合って下さい。それでもなおかつできなければ、公助として私たち市の職員も加わっていきます。そのため、今回、市役所職員に、地域住民の皆さんの考えを知る必要があるということで、市役所職員、市役所支所職員、社会福祉協議会職員に調査を行ってもらいました。

　指定された3000なら3000世帯全戸を、今回、訪問調査をさせました。

ペマ　どうもありがとうございました。今お話を伺っていると、それぞれ荒川区長さん、天草市長さんお二方とも、幸福度という考えを行政にとり入れる取り組みを行なって下さっているということで、それを実際、行政の面から行なうときに、周りから抵抗というか、それに対して理解してもらえないなど、それなりのご苦労もあったと思います。苦労した点についてお話しいただければと思います。

西川　ありがとうございます。大変重要なご指摘を、今頂いたと思います。
　　はじめ、「幸福」という問題は、四国のシンポジウムでも、ペマ先生もご出席いただいたと思いますが、オリジナリティは総務省審議官で名古屋大学の月尾嘉男教授に全面的に負っています。月尾先生が私に「西川さん、幸福というものは、ことごとく主観的な問題である。これを客観化するには、指標を作っていく必要があるのではないか。その指標は、あまねく、例えばあなたの自治体の荒川区で、20数万の人口の中で、皆さんが何を幸せだと感じておられるのか、徹底的に調査することが大事ではないか。自分が頭の中で作り上げて、それを強引に区民の皆さんに押し付ける。そういう不遜な態度は許されないだろう。」とおっしゃいました。
　　そこで、私は世論調査の名人であり、たびたびお名前を拝借させていただいて恐縮ですが、藁谷先生にご相談に乗っていただいて、何をどのように　調査をするのかをベースに、徹底した世論のご意向を伺っていくことを始めました。したがって、たびたび荒川区内で調査を行わせていただきました。
　　初めのうちは調査を行う職員に戸惑いがあったし、住民の方々にも戸惑いがあったのは事実でございます。しかし、今や私たちの区では、何をするについても、指標は区民がこの施策の実行によって、どのように幸福を感じていただいているのか、ということをベースに置いて行っています。このことが大変重要ではないかと思っております。

ペマ　ありがとうございました。中村市長さんの所ではどうですか。

中村　天草市では、平成27年度に、倉岳町から調査を始めまして、天草市には、橋で繋がっていない離島がございますが、人口3,000人位。2年目は、その離島である御所浦町で調査を行いました。それだけで、指標づくり、型づくりをしますと、色々と問題が出てくるものですから、3

年目は天草市の中心部で行ってみようということで、旧本渡市で取り組みました。

　天草市の人口の半分、4万人ほどが、旧本渡市に集中しておりまして、今年、その中の約3000世帯を抽出して調査をし、丁度、今の時期に調査が終わったところです。

　3つの地域をそれぞれ調査して、集計をした中で、一つの政策を組んでいこうということですね。ただ、平成27年度に、例えば、交通網の整備について要望が出てきた。または、住民から、こういうふうにしてくれませんか、などの要望が出てきた場合には、すぐに対応きるものについては、随時対応してきましたけれども、全体的に幸福についての指標をきちんと作って、施策として打ち出す、という段階には至っていないのが現状でございます。

　本日、山口誠治さんもおいでですが、山口さんは、私が天草市長に就任してからすぐに、お訪ね下さって「市長、こういうやり方がありますよ。こういうふうに幸福量調査をして、地域の皆さんたちの要望や考え方をお聞きしてから、施策をお決めになればどうですか。」と言って説明して下さいました。そのとき私は、西川区長さんの、出版されてた3冊の本を読んでいましたから、それらの本を参考に、山口さんのお力添えをいただきながら、調査を行っているという現状です。天草市では道半ばどころではなく、まだまだ始まったばかりです。『GNH 研究④それぞれの GNH』に、市職員の感想が載っております。今年、市役所に入った職員ばかりです。その職員たちが、行政の思いや地域住民の方々の思い。これから職員としてどうあれば良いのか、非常につぶさに書いてくれています。この幸福量調査において、職員力を上げるための、大変良い取り組みになったのではないかと思っております。そういう意味で、天草市では荒川区のようにご指摘をいただき、政策を組む段階には至っておりません。あきらめずに、それぞれの地域住民の方々を　幸福にするということは、我々行政に与えられた一つの使命でございますので、いろいろな形で研究していきたいと思います。天草市は郡部ということで田舎のため、一軒一軒訪問してお尋ねするときに「なんで答えなければならないのか？、何で行政の人が来るのか？」と言われるのではないかと心配しました。しかし、調査にあたった職員全員に聞きました

ところ、そのようにおっしゃった地域住民の方は、天草市の中心部（旧本渡市地域）対象の世帯を訪問しても、ほとんどいなかった。逆に「訪ねてくれてありがとう。」とおっしゃった。ということでした。これは意外と私たちが考えているよりも、住民の方々は、天草市の現状を何とかしていこうではないか、少子高齢化で困っている、仕事もないという問題も、みんなで協力して解決していこう、地域のコミュニティ活動で、それぞれの地域は地域で盛り上げていこうではないか、という考え方を持っていらっしゃるなと知って、安心したところでありました。

ペマ　どうも、ありがとうございました。私が日本に来た1960年代において、日本では、KJ法というものが使われていました。このGNHも、ある意味ではKJ法に類似したところがあると思います。下から意見を組み上げていくということで、行政がGNHに取り組み、その後、区民あるいは市民の意識において、何か変化や注目すべきことなどはありましたでしょうか。批判も含めて構いません。どういう反応をされたかなどを話していただければと思います。

西川　ペマ先生からのご指摘はずばり当たっていまして、やはり職員が「区長いろんなところで、この調査について反発もあります。なぜ、人間の心の奥に潜んでいる幸せという、内在される個人的価値観に基づく幸せを、区政が包括していくのか。そんな取り組みをやられたら、かなわない。我々はもっと自由に生きたいのだ。」というような異論も当初ありました。職員を馬鹿にしているわけではないので、誤解してもらうと困るのですが、職員も戸惑いました。

　最初、職員がドメインという言葉を解らないということでした。標語と　思ってしまったのですね。区役所に行きますと、やたらと廊下の壁に標語が貼られているのですよ。「我々は区民の幸せのために頑張るぞ。」とか。区民の幸せのために行政がやるというのに「頑張るぞ。」という言葉はまずいのではないか思いました。標語合戦になってしまっているのですよ。そこで、ここは東京の地の利を活かして、東京には学者、識者、経営者など、色んな経験豊かな方々が、たくさんおいでになるので、そういう方々のところへ、副区長、教育長に飛び込んで行ってもらいました。本区では住民の方々に、「ここに住んで良かった。住んで、納税して、ここで生涯を送っていくことはとても良いね。」と思ってい

ただかないといけない訳ですね。四国でも高校生とペマ先生との対談を拝聴していて、あのとき女子高校生たちが、ものすごい過疎の地域から、自分たちのいろんな夢を持ち寄って話していく中で、「国の補助金を使って立派な商店街を作ったって、そんなところよりも、お城の下の青空市の方が、うんと盛んだった。」という生徒の話を、ペマ先生と一緒に体験させていただきました。つまり何かを設えて、何かを用意しないと、幸福はできないという訳ではないのです。やはり、みんなが自分の住んでいる町で、子どもたちをしっかり育てたい。お年寄りには安らかに日々を送っていただきたい。そういうことについて行政は何ができるのか。ということをもっと謙虚に勉強しなくてはいけないと思いました。そこで荒川区としては、先ほど申し上げましたようにいろんな方が、国のお役所の方も、高名な学者の皆さんも、実業家も、いろんな実践を行っている方々もお招きできるんですね。同じ東京23区の中でございますから。このゲストとしてお招きした方々が、今日では、大変な数に上っておりますが、この方々からいただいたご意見を、我々は「ガーレポート。グロス荒川ハピネスレポート（Gross Arakawa Happiness Report）」という小冊子をつくりまして、これを町会長の方々にお配りしました。

　数日前にも行ったのですが、ハピネスサポーターという、町会長をお辞めになった人や民生委員を退いた方、本区に住んでおられる、名誉教授という形でリタイヤメントされた優れた知識人の方々を区にお招きして、勉強会を開催しております。また、中村市長さんにも加わっていただいている、全国のハピネスというものを追求しようという志の皆さんにも、荒川区に便宜的に本部を置いて、今やちょうど100か所になりましたけれども、勉強会に参加していただいています。加えて関東地方で前橋市長や高崎市長、桐生市長、または、埼玉県の上田知事、その他の近隣の首長にも参加していただいて、幸せ追及のためのリーグというものを作ってきました。これが、存外効果がありました。率直に自分の意見を持ち寄って「真似させてもらうよ。うちはこれを実践させてもらうよ。」ということができるようになってまいりました。こういう実践が、自治体経営にはとても活きているのではないかと　思っております。

ペマ　ありがとうございました。では同じように中村市長さん、よろしくお願いいたします。

中村　地域住民の皆さん、一人ひとり考えが違いますから、苦情も多少はあったと思いますが、職員の方からは、特に何も報告はありませんでした。私の方から「天草市長は自分であるし、天草市の舵取りをするから全責任は自分が負う。皆一つ頑張ってくれ。」ということで調査を実施いたしました。市民目線で、職員だけではなく、私自身も地域住民に近づかなければならないと思っております。職員研修もですが、私は行政の職員教育は、採用されてから3年が教育のタイムリミットだと考えています。3年できちっとした形で、基本的なものを現場や色んなところで教えていかなければならない。ということですね。私は、ほとんどの現場に行きます。683平方キロメートルと広いため、大変ですが、朝7時10分には登庁し、夜は8時30分まで毎日残りまして、現場にも、全て行くことを心がけております。自分から変えないと、変えきることができないなと考えました。30年前、私が市職員として働いていたときのように戻そうとは思っていませんが、コミュニティ、地域の方々の協力を得ながらやる時代が、また来たのではないか。現状が高齢社会ですから。

　私たちの地域には定年しても元気な方がたくさんいます。ですから労働不足だといいますが、労働不足ではなくて、高齢者の方々を使わないことが問題だと思います。高齢者の方々に地域で元気に活動していただき、行政の取り組みにも参加していただくのが良いかと考えています。私が一番やりやすいのが、市民の皆さんを対象に講演会を行う際に、天草市長の名前で「講演会を開催しますのでぜひ参加をお願いします。」と呼びかけても、会場の4割程度しか集まらないのですが、天草市社会福祉協議会の会長として、講演会を開催すると、会場に入りきれない程の方々が集まって来ます。結果的には、社会福祉協議会は、民生委員やボランティアといった、団体の事務局を担っていることなどが影響していると思われます。天草市には、合併時に設立した、51ヶ所の地区振興会という組織がございますが、それぞれに青年団、消防団、色々な団体で組織していただいております。その中に老人クラブも入っており、天草市全域で1万2500人の会員がいらっしゃいますが、この老人クラブが解散せざるを得ない状況にあるとおっしゃいます。会長はもとより、一番必要な、事務局を引き受ける人がいないのです。天草市社会福祉協議会は、旧市町単位に10の支所がありますから、社会福祉協議会の支所に

ご相談なさってください、ということをお伝えしました。会計事務のお手伝いは、社会福祉協議会で支援できますので、ということで推進をしているところであります。

　幸福量調査など、社会福祉協議会と一体となって取り組んでおりますが、社会福祉協議会は、スピード感が違います。行政は色々と議会にかけまして、議員の方々を説得しながら承認を得なければなりません。社会福祉協議会は、例えば500万円をこの事業に使います、と会長である私が決めれば、「ではこのことは、後ほど理事会で報告します。」ということで、対応のスピードが早いです。今日、会場に来ておりますが、天草市社会福祉協議会の福本常務理事が頑張ってくれています。おかげさまで私たち行政に対して、あるいは社協に対しても、一切の苦情はございません。天草市では、今後も思い切って幸福量調査を今の形で行うことができるだろうと認識しております。

ペマ　ありがとうございました。本日お話をいただいているお二方は、どっちかと言えば成功した話ですけれども、本来であれば、2015年から2030年まで、国連も「持続可能な開発目標（SDGs）」という幸福ということを一つの大きなテーマに掲げた目標を採決しました。そして、その国連で主要なメンバーである日本国政府も、それなりの国連の目標を達成するという道義的な責任のようなものがあると思うのです。今、日本国政府が、なさっていることに対する姿勢や取組みというか、評価はいかがでしょうか。またどういう期待があるでしょうか。

西川　イデオロギー的にとやかく言うことではなくて、実際的なことを申し上げますと、３つほど安倍政権からプラスになるものをいただきました。または評価を受けました。それは何かというと、一つは戦略特区という概念で、私たちのところに、保育園を充実するために自由に取り組みを行ってよろしいということです。内閣官房長官から直接ご指示をいただき、我々のところの隅田川は湾曲しておりまして、お隣の台東区とつながっています。明治通りで仕切られる一帯に保育園をつくりました。これは自由に設計ができまして、国会議員の方々にもたびたび視察に来ていただきました。今話題の東京都知事の小池百合子都知事にも、久しく視察をしていただいております。　ご覧になった方々は、全面的に荒川区方式を喜んでおられました。それはどういう仕組みかというと、民

間の保育園・幼稚園の経営のノウハウを、しっかり持っている方々に、自由にその地域を使って、定数だけをこちらが申し上げて、これだけの子どもが預かれるような幼児教育の素晴らしい保育園・幼稚園をやってほしいとお願いしました。これが地域の若いお母さん、お父さんからものすごく喜ばれました。こういうふうにこちらから押し付けるのではなくて、地域の住民の方々から「よくやってくれた。」と言われる、こういう仕組みは良いですよね。それが東京都の力で、国の施策がいろんなところに広がっていくと、こういう仕組みが珍しく国が取り組んだことを、競う自治体が受け止めて、そして広域自治体にそれをお返しして広げたということです。これは、ペマ先生なかなか楽しいものではないでしょうか。若い職員の諸君が、それを我々の所へ持ち込んだときに、すぐに許可できて激励をし、育ててやれるということは、日々勉強しなくてはいけません。管理職もそれから特別職もそうです。そのベースは何かというと、先ほど申し上げた、我々の財産であります200ヶ所ある町会という組織です。町会という地域に根差した200人の町会長たちに「区政の最大課題は何か。それは幸福を区民が実感していただくことだ。」ということで、皆さんは大きく預かって、力を発揮できる立場なのだ、と自覚していただくための勉強会や集会、研修会を荒川区としてはかなりまめに開催しております。こういう成果は大事だと思います。

ペマ　ありがとうございました。中村市長さんいかがでしょうか。

中村　天草市では、西川区長のおっしゃったこととは全く逆でございます。少子化が進んでいまして、保育園も民間を含めますと58園あるのですが、行政が持っている保育所をいかに地域に移行して行くか。園児数も少なくなっているものですから、一年でも早く民間に移譲していこうということで、私が天草市長になりましてから、3年で6ヶ所を移譲しました。今年も4ヶ所を移譲すべく公募しましたが、園児数が15人〜17人程度の保育所では、民間も引き受けてからの経営が難しいということで、2ヶ所だけ応募がございまして、その2ヶ所は審査の結果、来年4月1日から移譲することになりました。ですから、荒川区とは全く逆の状態で、大変苦慮しております。8万4000人の人口ですが、平成28年度に生まれた子どもの数が485人なのです。大変な現状です。そういうことから、起業を考えておられる方のために、中小企業支援センターというものを、

国の地方創生の中で先行型という補助をもらって、若者を定着させるなど、何とか、国のアドバイスをいただきながら運営している地域でございます。少子高齢化であると、国の総務省の方も、おっしゃっていますけれども、我々の天草諸島というのは、昭和の時代には、2市13町でございました。人口も全体で24万人でしたが、平成28年には、2市1町となり、人口は11万7000人と半分に激減しております。私の考えでは、少子高齢化という言葉は、過疎化の名称を変えただけで、我々の地域は、高度成長期から若い人が全部都心に流出して、そしてせっかく雇用の場であった炭鉱も、昭和48年を最後に閉山してしまい、働く場所がなくなってしまいました。何十年も前からこの少子高齢化というものは進んでいて、それを過疎化と言っていましたが、今は少子高齢化と名称を変えて言われているのです。私は「今さらそう言ってもらっても。」という心境でございます。国に我々が竿をさすわけにはいきませんから、私がお願いしたいのは、それぞれの地域に、要するに私たちが提案しますから、国が一つの統一したルール・基準を作らないで、それぞれの地域の実情をまず理解していただいて、地域性の特色のある市を作らせていただけませんかと、もっと私は訴えていきたいと思っております。

　天草市には、園田という地元出身の政治家がおりますが、選挙区の区割り見直しで、比例区への出馬を余儀なくされました。小選挙区としては、熊本県下でも一番広い選挙区になりました。国会議員も、ただ一票の格差だけで選挙区の見直しを行うのではなく、何とか地方からの議席も確保していただいて、東京とか大阪などの人口の多いところを、もっと増やしたらどうでしょうか。100人いるなら200人位にして、地方の議席は守っていただければと思います。やはり地域を代表する者がいなくなれば、どうしようもないのですよ。我々のところは政治家頼りです。それをご理解いただきたい。中小選挙区にしていただいて、あとは1区2区で6人ですよと。1票の格差は全部、東京、大阪、名古屋を増やしますと。我々の気持ちも、お考えいただければとありがたいなと思います。

ペマ　どうも、ありがとうございました。今日はお忙しい公務の中、来ていただきまして。もう時間にもなりましたので、最後にどうしてもこれだけ話させていただきたいということがあれば、2、3分でまとめてい

ただければと思います。

西川　誤解されては困るので、格好つけて話しているわけではないので、割り切って聞いていただければと思います。やはり、リーダーというものは犠牲を伴うと思います。例えば、私は退職金を全額返したのです。こういう言い方をすると、銭・金の問題と思われるのは嫌なので、これは職員に幸福というドメインを分からせるために、区政は区民を幸せにするために、働くシステムなのだよということを、職員に分からせないといけない。

　そのためには、一生懸命働いたらもちろん残業も付くし、いろんなチャンスもある。うちではこの早稲田大学を中心に東洋大学だとかいろんな大学院に、学校の費用を全額区がもって、職員に勉強させています。そして勉強して帰って来た者に、内容を発表する機会も与えています。また、職員のビジネススクールをつくっています。荒川ビジネスカレッジというものをつくっていて ABC という略称でやっていますが、これは東京だからできるのです。東京だから、先生のような高名な方も、新進気鋭の学者の方もたくさん区役所にお呼びできて、ゼミを開催することができます。そのため、幹部は大変です。部課長の中でも特に古参の部長・課長は、自分の仕事が終わった後、若手の職員のために２時間くらいの授業を職員に対して、毎日ではありませんけれどもゼミをやっております。それから東京は天草市とは条件が全く違いますが、お願いできる講師は大勢いらっしゃいます。官僚のOBや学者の方も含めて、いろんな方のところへお願いに行き、荒川区に講師としておいでいただくことは可能であります。一番偉いなと思っているのは、自分の所ではそういうゼミが開催できないから、荒川区の聴講生として、うちの部課長を参加させてくれないかと言って来た自治体があります。一番すごいなと思ったのが、山梨県のある市から、自分の仕事が終わった後、新宿まであずさの特急に乗ってきて、それから区役所に来て勉強し、その日のうちにお帰りになる、深夜ですよ、お帰りになるのは。しかし、何年もそういう気持ちで、やる気のある公務員が参加していただいております。結論は、私が退職金を返したことは一つのポーズです。一期目の退職金はお返ししましたが、二期目からの退職金はきちんといただいております。そうしなければやっていけないから、これは許してもらっています

が。まず、その勢いでやったことが一つ。それから、いろんな高名な講師を、東京は地の利でお招きしやすいという事実があります。3つ目は、やっとここで区の職員が、住民の皆さんのために自分たちが、職員ビジネスカレッジというものをつくるその成果。ABC（Arakawa Business College）、これについて納得して大いに勉強してくれています。部長をチューターにして、課長をサブチューターにして、そして管理職試験に合格した者やその手前の者がみんな学生になって、週に何回か勤務時間の後にやっています。私はこの姿勢が、知らない間に若い職員に伝わるし、何より御用をもってお見えになる町会長の方とか、そういう民生委員をお辞めになった方とか保護士をお辞めになった方とか、そういう方々にハピネスサポータークラブというのをつくってもらっていて、この方々に自発的に勉強していただいています。場所は区役所でございます。そのようなことを今後もやっていきたいし、最後に我々は東京だから、自分の区だけが良くなればいいという、ケチな了見は何にも持っていません。やっぱり国に対して物が言えるように。例えば、今、具体的に言えば児童相談所を特別区が持てるという法律を、塩崎恭久大臣が、周りの反対を押し切って作ってくれました。大変立派な大臣だと思います。そういう若い、ご自身が子育てでご苦労され、いろんなことをされている首長や、または、大臣や国会議員や都議会議員や区会議員という方々が、地域を超えて競う自治体のために、何かをやっていただける、という提案の場所を荒川区は確保していきたい。それが荒川区だけではなくて、幸せリーグという、私が主宰させていただいているところにつながります。本当に最後にいたしますが、埼玉県の上田知事から、数日前に電話がかかってまいりまして、荒川区と埼玉県全市町村と共同のチームをつくれないか、というご提案をいただきました。私は区長会会長として、またはオール東京の自治体の理事長として、それは良くないと返事しました。上田知事に荒川区と埼玉県全市町村だけではダメだと。オール東京とオール埼玉県とジョイントを組めないかという話を押し返しまして、上田知事と副知事、その他皆さんとお話した結果、いよいよ来月から、我々が交互に埼玉にお邪魔し、埼玉が荒川に、または東京の区政会館においでいただいて、やっていこうということが実現することになりました。このように狭い了見ではなくて、今ではどこであろうとお互

いにメールでも電話でも、私と天草市長とでもできるのですから。そういうことをやっていく気持ちが、自治体の中に芽生えてきていることを塩崎大臣も含めて、総務省の大臣たち、松野文科大臣にも関心を持っていただいております。

　国を動かしていくということは、東京が地の利でできますから、これをお手伝いして全国と本当の意味の地方自治をできれば、最後にフランスのように地方自治体の首長が、国会に議席が持てるような、そういう仕組みを日本でやれないのか。それはとってもすばらしいことだと思います。

ペマ　ありがとうございます。日本において、やはり時間を守ることは大事なことでありますので、進行がうまく調整できず申し訳ありません。幸せはある意味では精神的な要素が非常に大きいと思うのです。私たちGNH 学会は、あまり金持ちではないもので、今日はこのブータンのお守りを、お二方へお土産にしようと思います。車にでも飾っていただければと思います。

　　（西川区長及び中村市長にブータンのお守りが配られる）

西川　ありがとうございます。私は時間が迫っており退出させていただきますが、荒川区自治総合研究所の副所長をおいてまいりますので、質問等は副所長にお願いいたします。

副所長は、檀上和寿と申します。大学院を卒業しております。

退出いたしますご無礼をお許し下さい。（西川区長　退席）

ペマ　申し訳ありません。時間は少しオーバーしますが、中村市長さんからよろしくお願いいたします。

中村　私は、昭和58年から昭和61年まで、牛深市役所というところの秘書課におりました。市長の秘書を約４年間務めていたのですが、この市長が全国でも有名な市長でありまして、しかし、２期目の６年目に贈収賄を起こされて、失脚をなさいました。ただ、おかげさまで、通常、政治家が公民権停止を受けるときは、通常５年なのですが、この方は３年８カ月でした。ですから、４年後には、また立候補されて当選されました。３期目、４期目は厳しい選挙でしたが、２回とも当選されました。最終的に、市長を８期されたのですが、５期目以降は、全て無投票当選という方でした。

私は再起された、非常に厳しい時代の時に、一緒に仕事をさせていただいたのですが、この方がいつもおっしゃっていたのが「行政が市民の皆さんに負担を求めるときは、必ず、まず、トップである首長が、やはり身を削りなさい。」ということでした。ですから私は、平成26年の4月に天草市長として登庁した折に、合併した10の地域が、一般会計から水道会計に補助金として、バラバラに繰り入れて、料金を下げている現状がありましたから、合併したときに非常に不公平がありました。

　ある地域は水道料金が500円だけれども、その代わり1億円の負担をしている。別の地域では300円だけれども、もっと多く2億円ぐらい負担をしているというのが約8年間続いていました。

　私は、早く公平化しようということで、この水道料金を上げるということを考えていたものですから、マニフェストに「条例をつくって、退職金は全額いただきません。それから、月の報酬は30％減額します。」と公言していました。結果、市役所の職員も含めて、私の収入は総額で、11番目になっています。職員では、総務部長が一番給料をもらいます。そして副市長も15％減額させておりますし、一番もらっているのは教育長ですね。次に職員9人が順番でもらっていて、私が11番目となります。そういうことも　行っております。西川区長さんと同じようなことをやっています。

　しかし、私の家内が「生活ができない。」とぶつぶつ言うものですから、条例は4年間という期間限定で作っています。次に再選されたときは、黙っていればそのまま元に戻ります。そういう冗談めいた話ですが、我々トップはそういう形にしなくてはいけないと思っております。

　それから、私が一番懸念しましたのが、職員が採用されてから、職員間の連携が非常に悪い。決して仲が悪いという訳ではないのですが、要するに役所の中で「助け合い・思いやり」というものが少ないのです。これではいけないと思いまして、今、「ざっくばランチ市長室」ということで、採用3年以内の職員40名程度を順番にローテーションで、7人ずつ市長室に呼んで、弁当を注文し、12時から13時半まで、一緒に食べながら「何か悩みはないのか。上司はしっかりと教えてくれているのか。」という話をします。そういうことを定期的にずっと行っておりまして、何とか若い人たちの意識を変えていこうと取り組んでおります。

また、職員組合の方にも「何で若い組合員を君たちは全然説明もしないで、どんどん加入させて、何をしているのか。職員組合の方でグループをつくって、市に提案をしてくれないか。」とお願いをしております。職員組合の方も「市長がそうおっしゃるのならば、組合としていろいろ天草市の方に提案をいたします。」と言ってくれております。労働組合法の中ではなくて、「天草市をどうするのか。職員組合として作っていく時代だよ」と、職員には申し上げながら、今、私たちの方では、まず「職員力をつける」ということを主体において、私は、内部で一生懸命頑張っているところでございます。

　私たちの地域には、専門家の先生がおりません。熊本大学か熊本県立大学というところです。九州大学とか鹿児島大学、水産関係につきましては四面を海に囲まれていますから、長崎大学と鹿児島大学に大変お世話になっております。私が天草市長になりましてから、専門の水産関係の職員を２人採用しまして、ようやく長崎大学と提携することができ、研修制度で受け入れていただくようになりました。長崎大学は最初、県外は受け付けないということだったのですが、提携を結んでから、受け付けていただけるようになりました。天草地域は、四面を海に囲まれていますから、何とか漁業の方々に、藻場の造成とか、色々な形で行政の我々が行っていくということで頑張っているところです。

ペマ　どうもありがとうございました。あの本当に天草市長さん、荒川区長さんに情熱をもって、福祉のための政策に取り組んでいるということが分かりました。

　GNH 学会の方はできるだけ、皆さんのお手伝いをしていきたいと思います。今日は、荒川区自治総合研究所の副所長の方が残っていらっしゃいますが、最後に申し上げたいのは、理論的あるいは、枠を作り上げていくのをどのようにしていくか。あくまでも対象は国民であり、区民であり、市民であるし、また、主役も今日の話を聞いていると、まさに区民あるいは市民、国民であると。今後もいろんな意味で GNH 学会と一緒に行っていきたいということで、その中で今日例えば一つ、集客問題がありましたけれども、幸いにして私たちの方で、もしお手伝いすることがあれば木内先生を始め、本当にそういう方がいらっしゃいます。理論的にも研究している松下先生をはじめ、そういう方がいますのでお

互いに協力していくことができればと思います。
ありがとうございました。

（2017年11月12日　日本GNH学会2017年度大会）

記録者／石本智子

海士ブータンプロジェクト活動報告
（2017〜2018年度）

平山　雄大

1. 海士とブータン

　ここ数年、日本海に浮かぶ隠岐諸島のひとつ中ノ島に位置する島根県隠岐郡海士町とブータンとの相互交流が加速している。

　海士は、島根県の七類港もしくは鳥取県の境港からフェリーで約3時間揺られたところにある人口2,300人ほどの小さな町である。「島の滅亡の危機」と例えられた超過疎化・超少子高齢化・超財政悪化が進む中、2002年5月から2018年5月まで16年間町長を務めた山内道雄氏のもとで身を切る行財政改革、攻めの産業・雇用創出政策等が遂行された。コンビニも映画館もラーメン屋もないが、「なくてよい」と「大事なことはすべてここにある」という2つの意味が込められた『ないものはない』というキャッチフレーズを打ち出して島のブランド化に着手していることでも知られている。

　一方、「GNH の最大化」を国家開発目標に掲げ、初の成文憲法にも「国家は、GNH の追求を可能とする諸条件を促進させることに努めなければならない」（第9条第2項）と規定したブータンは、「世界一幸福な国」を目指す南アジアの小国として広く注目を集めている。同国は伝統的なものと近代的なものをうまく共存させながら国家開発を行おうと奮闘しているが、農村から都市への人口流出、家族・コミュニティの繋がりの希薄化、貧富の差や地域間格差の拡大、環境問題、失業率の上昇等近代化に伴う問題を数多く内包しており、とりわけ都市への人口の一極集中と対をなす地方を巡る問題は今後よりいっそう深刻になると予想される。

　海士とブータンは、周囲にあるのが海か山かの違いはあるがどこか似た

風景が広がっている。隔絶された立地条件やそれに付随する周囲との関係性、信頼されるリーダーの存在等も共通している。「ないものはない」とGNH の間にも、マイナスをプラスに変えようとする開発哲学という点に相通じるところがあると言えよう。

　海士を含めた島前地域唯一の高校である島根県立隠岐島前高等学校（以下島前高校）は、2016年度から、同校が採択されたスーパーグローバルハイスクール事業『離島発　グローバルな地域創生を実現する「グローカル人材」の育成』の枠組みの中でブータンを舞台にした探究プログラム「グローバル探究（ブータン）」を行っている。2017年度からは、JICA 青年研修で毎年11月にブータン人若手行政官らが海士を訪れている。2018年4月には、ブータンからの留学生が島前高校に進学した。さらに、2019年3月には海士町が提案・申請していた JICA 草の根技術協力事業（地域活性化特別枠）「地域活性化に向けた教育魅力化プロジェクト―ブータン王国おける地域課題解決学習（PBL）展開事業―」が採択され、今後ますます相互の往来が活発になることが予想される。

ティンプーでアンケート調査を行う
（2017年8月）

タシガン県メラを訪問した島前高校の生徒たち（2018年8月）

２．海士ブータンプロジェクト

　早稲田大学では、有志の学生が「海士ブータンプロジェクト」（通称あまたん）というものを組織し活動している。同プロジェクトは同大学平山郁夫記念ボランティアセンター（以下 WAVOC）に所属する教員それぞれの専門性を活かし、その指導のもとで活動する早稲田ボランティアプロジ

ェクトのひとつであり、その名称が示す通り海士とブータンの２ヵ所をフィールドとしている。地域活性化の挑戦事例を数多く有する海士における就労体験を通して課題や施策を学び、そこからの学びをもとにブータンの地方問題に一石を投じることを目指して2017年4月に始動した。

　活動１年目は、2017年3月に実施された WAVOC 主催ブータンスタディツアーの参加学生が中心となりビジョン及びミッションを決め、9月に海士で２週間の就労体験を行った。また春休み（2018年2月24日〜3月4日）には、ブータンの現状や課題を直に確認し自分たちにできることを詳察するため―より具体的には、①首都ティンプーの様子を知る、②都市の現状・課題を知る／産業の構造・みやげもの etc.の現状を知る、③（伝統）文化について知る、④農村の現状・課題を知る、⑤学校の様子を知る、⑥同世代の若者の様子を知るため―にブータン西部（パロ県、ティンプー県、プナカ県、ワンデュ・ポダン県、ハ県）において地域調査を実施した。

　海士ブータンプロジェクトは学生が主体となるプロジェクトであり、学生の自発性＝ボランティアに重きを置き、教員が引っ張るのではなく活動を巡るほぼすべての事柄をメンバー同士で議論しながら確定させていくかたちを採っている。何をするかについても教員側から一方的に提示することはせず、どのようなアクションを起こすことが「良い」ことなのかどうかの是非も最初から示すことはしない。上記の地域調査をもとに話し合いを重ね、「AMA ワゴン」や「SHIMA 探究」といった海士を舞台にしたスタディツアーの先行事例をうまく参照しながら、ブータンスタディツアーの企画・運営を通して同国の地方を巡る問題について考える機会を提供することが、現時点で自分たちにできる最大のボランティア活動だという結論に至った。

岩ガキの養殖現場で就労体験を行う
（2017年9月）

週1回のミーティング

王立ブータン大学パロ教育カレッジ訪問（2018年3月）

パロの農家でお話を伺う（2018年3月）

　以下は、この地域調査を行ったメンバーのひとりが帰国後に記した感想である＊1。

いまを生きる

　「やっぱり何もない。」一年ぶりに訪れたブータンは変わらず空が広かった。冬の風は肌寒くも、太陽の陽ざしは眩しく暖かい。そんな体温の違和感も二度目となると、懐かしい感覚として蘇る。一年前初めてブータンという国に足を踏み入れた時は、見える景色、聞こえる言葉、感じる香り。すべてが新鮮ですべての驚きが、自身の発見に思えた。

　私にとって二度目となる今回のブータン渡航は、島根県海士町における地域創生の先進事例をブータンの地方に活かすという海士ブータンプロジェクトの現地視察の一環であり、その意味で私の視点は明らかに一年前と変わっていた。一週間という限られた滞在期間で、地域の魅力づくりという面から、《ブータンらしさ》ならぬブータン王国の特色を導き出そうと常に必死だった。

　しかし、人間の感覚というのは素直なもので、慣れが本能的な気付きを鈍くさせる。異国の地であるブータンの景色が、何故か自分には当たり前に映ってしまう。だからこそ、初めて渡航をしたメンバーたちが次々に繰り広げる質問は、素朴な疑問でありながら、どこか本質を突かれた気がする発見ばかり。考えれば考えるほどプロジェクトの限界を感じ、正直なところ、二度目の渡航は失われていく感受性に悔しさを覚える経験となった。

　そして今、私は東京の雑踏の中に生きている。

「自分のためじゃない。誰かのため、皆のため。」そんなブータン人の価値観とは裏腹に、すれ違う日本の人々はどこか冷たく自分の世界を生きている。日本国民の一員としての意識も繋がりも失われた生活を日々繰り返している。そして時に、この切ない感覚は何だろうと、ブータンを思い返す。同じ民族衣装を身に纏い、国王を慕い、他人の幸せを願う、ブータン国民のあの温かい一体感が愛おしく感じてしまう。

　ふと《ブータンらしさ》とは、いまを生きる国民そのものなのかもしれないと考える。思えば、彼らの生活を知る過程で見えてきたものは、自然や宗教などあらゆる存在に生かされているという価値観だった。それは決して目に見えない。ただ、ブータンのいまを覗けば、GNH 含め環境教育や伝統の継承を促す政策として自ずと感じることが出来る。私はその価値観を、正しさや見習う必要性、もとい一種の生きかたとして伝えていきたい。海士ブータンプロジェクトが最終目標に掲げるスタディツアーは、それらの体現である。現地に行き、人に触れ、日本人としてブータンの魅力を客観的に捉えることで、今後の人生に対し主観的な視点をもって生かしてほしいと願う。

　そんな夢を描きながらも一方で、自分がブータンを訪れ地域創生をテーマに活動することが本質的にブータンの力になっているかと言われれば、現時点では分からない。ましてや、ボランティアかと言われれば違う気もする。実際、ハでのファームステイ先での「人の欲は終わらない、昔の不便さを変えよう変えようとするのはキリがない」という言葉は、その場所に住む人の幸せや生活環境の充実度の面からみて、敢えてそこに手を加える所謂活性化に対する違和感を強めるきっかけとなった。だからこそ、地域創生という課題は、根拠のない意義付けとしてカタチにしてはいけない。あくまで価値観の共有として、ブータンの現状を伝え、記録として残すことが日本人として出来る最大の貢献だと思う。

　またあの懐かしい感覚を思い出す。「やっぱり何もない。」そう言いながら、ブータンのいまを日本人として生きることから、始めたいと思う。

　2年目となる2018年度の春学期は、地域創生係、ブータン渡航係、交流係等の係に分かれて活動を行った。島前高校の生徒や卒業生との交流会を実施したり、「グローバル探究（ブータン）」チームのサポートを行ったり、中学校で講演をしたり、日本ブータン研究所が実施するブータン勉強会や日本ブータン刺繍協会が実施するブータンフォーラムを共催したりしなが

ら、8月6日から13日にかけてブータン東部（サムドゥプ・ジョンカル県、タシガン県、タシ・ヤンツェ県）にて地域調査を行い、東部を舞台としたスタディツアーの可能性を探った。

　この地域調査はインドのアッサム州から陸路入出国するという行程を採ったが、渡航メンバー内で唯一西部への訪問経験があった学生は、冷静に東西比較を行なっていた。西部では「如何に文化を維持するかを問題視する経済発展」を垣間見たが東部はただひたすら「時が止まって」おり、東部を訪問して初めて地域活性化の意義が見出せた気がするという。道路インフラや医療制度に明らかな課題が感じられ、東部はすべてが途上であるとの印象を受けたようだ。

ミーティングで行った、地域の魅力を考えるワークショップ

荒川区立第七中学校での講演
（2018年6月）

海士で開催した第89回ブータン勉強会
（2018年6月）

ブータン東部での地域調査
（2018年8月）

上記の学生が帰国後に記した感想を紹介する*2。

ないものはない

蒸し暑い空気、土埃に混じる香辛料の匂い、騒がしい話声。

三度目のブータン渡航はインド・アッサム州のグワハティから始まった。空港を出るなり、こっちだと手招きするインド人達の視線を感じる。こんな時いつも「私は日本人なんだ」、そう自覚する。観光客の一人としてカウントされている様な、見えない壁がインドにはある。思えばブータンではそんな感覚は一度も感じなかった。

国境の街サムドゥプ・ジョンカルに向かう道でも、おのずとインドとブータンを比較していた。コンクリートで舗装された平坦な直線道路がブータンへと延びている。片側二車線の道、川を跨ぐ大きな橋、溢れるほどの人を乗せた列車。気付けばインドはブータンに"ない"ものばかりが目に付く国だった。

正直なところ、この"ない"という感覚は東部ブータンの中心地タシガンでも変わらなかった。如何に文化を維持するかを問題視する経済発展が顕著な西部に対し、時が止まっているような感覚を覚える東部。手付かずの自然に棚田が連なり、素朴な村々が点在する世界には、古き良き伝統が根付く。酒やとうもろこし等の食文化、織物や竹細工等の特産品、見た目の顔立ちさえも独特だ。いわば、所謂観光名所と呼ばれる見どころよりも、周辺国との文化的繋がりを感じさせる人々の営みに魅せられる、そんな場所が東部にはある。

「この国はブータンの人々しか幸せに出来ない。」

ふと少女の言葉が蘇る。彼女曰く、ブータンは国力相応の価値でしか取引ができない為に、インド・中国からの輸入品は偽物ばかりだという。「自分たちが幸せ、それで十分」。ブータン人にとっての"幸せ"のレベルが、経済力やインフラというあらゆる形で体現されているのかもしれない、そう思うと単なる"ない"ではなく"ないものはない（大事なことはすべてここにある）"のフレーズが頭によぎった。

思えば、インドや中国ないし日本もモノばかりが溢れている。社会の分業体制によるモノ作りは、誰のためという目的意識を希薄化させたのかもしれない。たった三度の訪問だが、私は毎度この国から、自らの国はブータン人自らの手で作り築き上げるという強い意思を感じる。今回タシガン・ゾンでは、木材を切り壁画を丁寧に書くというまさに手作業の本堂作りの過程を目にし、彼らの姿にブータン人としての誇りを感じた。

自らの手で守るからこそ、国に対する愛着が芽生え、国王そして共に生きる国

民同士を敬い愛することが出来る。だからこそブータンの人々は私達にさりげなくも「来てくれてありがとう」の言葉を届けてくれるのだと、日本に帰り思い起こす。"おもてなし"の精神を世界に伝える日本だが、果たして国民自身は日本に対する誇りを抱いているのか、そう問えば素直に肯定できない自分がいる。

"幸せの国ブータン"。私にとって今回の渡航は、発展途上国でも先進国でもないこの国の"幸せ"の意味を自分なりに見つめ直す最後の旅だった。総じて様々な気づきと改善点を感じたことは間違いない。実際、東西を比較しブータンにおける都市と農村の明確な差を実感した今、地方創生の意義は見出せた気もするし、医療費・教育費無料の背景にある政府開発援助ではインドへの依存も感じずにはいられない。ただその問題意識に勝って感じることは、それがブータンの在り方だという想いだ。どれだけ日本で彼らのことを知り・学び・助けたいと願っても、遠く離れた環境も異なる場所で育った私達の思い描く彼らの"幸せ"は所詮客観的でしかない。本来の"幸せ"は、そこで生きる人間にしか分からない。だからこそ私は、彼らの肉声を聞き、彼らの生き様を知り、彼らの本音を伝え続けたい。"ないものはない"、その本当の意味をブータンから教えてもらった気がする。

３．地域密着・体験交流型スタディツアーの実施

9月の海士での就労体験を終えた秋学期からは、2018年度の活動の集大成と当初から位置づけていた「第1回地域密着・体験交流型スタディツアー」開催に向けた準備を進めた。参加費用の面から期間は1週間（2019年2月11日〜18日）、利便性の面から訪問地は西部とし、その限られた日程と行き先で最大限のパフォーマンスを発揮できるようメンバー内で話し合いを重ね、航空券手配やアポ取りを行いながら綿密に組み立てた。

11月から開始した参加者募集に呼応してくれた5名の学生を迎え、事前に行なった3回の参加者ミーティングで結束を固めると同時に、出発前日に開催したブータン勉強会で学びを深め本番に臨んだ。最終的なスタディツアーの行程は以下の通りで、日毎のテーマを設定しつつ、農家ホームステイ及び市内散策中の体験交流を重視したものとなっている。CPA（Chithuen Phendhey Association）は薬物・アルコール中毒者支援を行っているNGOであるが、参加学生の強い希望に応じるかたちで、ティンプーの事務所とパロのリハビリテーションセンターに足を運んだ。

月日	都市名	時間	活動内容
① 2/11 (月)		22:00 22:10	羽田空港国際線ターミナル(3階出発ロビー)にて集合 搭乗手続き・出国手続き <div align="right">◆機内泊</div>
② 2/12 (火)	羽田発 バンコク着 バンコク発 パロ着 パロ発 ティンプー着	 00:30 05:25 06:45 10:00 10:30 12:25 13:25 13:55 14:30 16:30 19:00 	テーマ:「都市の人々の暮らしを知る」 全日空(NH849)　羽田空港 ⇒ スワンナプーム空港(〜05:00) 到着後、乗り継ぎ手続き Drukair(KB131)　スワンナプーム空港 ⇒ パロ空港(〜09:40) 両替・入国手続き パロ → ティンプー(約1時間) 昼食(於:Pema Restaurant) メモリアル・チョルテン見学 ホテルチェックイン CPAオフィス訪問 ◆代表にお話を聞く ティンプー市内散策(スーパーマーケット、ゴ・キラ屋、本屋等) 夕食(於:Zombara 2 Restaurant) <div align="right">◆ティンプー・ホテル泊</div>
③ 2/13 (水)	 ティンプー発 プナカ着 プナカ発 ハ着	 06:45 08:00 08:00 11:00 13:00 13:40 14:35 19:45 20:30 21:30	テーマ:「農村の人々の暮らしを知る」 朝食(於:ホテル) ホテルチェックアウト ティンプー → プナカ(約2時間) プナカ・ゾン訪問／プナカ・ドゥプチェン(お祭り)見学 露店(メラ)散策 昼食(於:Divine Cafeteria) プナカ → ハ(約5時間) ホームステイ先到着 夕食(於:ホームステイ先) 報告書ミーティング <div align="right">◆ハ・農家泊(ホームステイ)</div>
④			テーマ:「農村の人々の暮らしを知る」

2/14 (木)	終日ハ	07:30	朝食(於:ホームステイ先)
		08:50	ジェンカナ小学校訪問(朝礼見学・施設見学・交流・授業見学)
			◆校長にお話を聞く
		12:25	ツァペル小中学校訪問
		13:00	昼食(於:ホームステイ先)
		14:15	ハ市内散策(雑貨屋、ベーカリー、フットサルコート、ホテル等)
		17:30	ヒュンテ(ハの郷土料理)作り
		19:30	夕食／ダンス大会(於:ホームステイ先)
			◆ホストファミリーにお話を聞く
			◆ホストファミリーと交流
		21:00	夜のラカン・カルポ(寺院)訪問
		22:15	報告書ミーティング
			◆ハ・農家泊(ホームステイ)
⑤ 2/15 (金)			テーマ:「都市と農村の違いを知る」
		08:00	朝食(於:ホームステイ先)
		09:35	ラカン・カルポ(寺院)訪問
	ハ発	10:30	(ハ → チェレ・ラ → ハ)
			◆路面凍結で峠越えができず、ハに引き返す
	ハ着	13:25	昼食:(於:Risum Resort)
	ハ発	14:45	ハ → パロ(約3時間)
	パロ着	19:00	ホームステイ先到着
		20:00	ドツォ(石風呂)体験
		22:00	夕食(於:ホームステイ先)
			◆ホストファミリーにお話を聞く
			◆ホストファミリーと交流
		24:00	報告書ミーティング
			◆パロ・農家泊(ホームステイ)
⑥ 2/16 (土)	終日パロ		テーマ:「都市と農村の違いを知る」
		07:00	朝食(於:ホームステイ先)
		08:35	タクツァン僧院訪問(トレッキング)
		13:20	昼食(於:Taktsang Cafeteria)
		15:05	CPAリハビリテーションセンター訪問
			◆カウンセラーにお話を聞く
			◆入所者にお話を聞く

		16:50	パロ市内散策（みやげもの屋、スーパーマーケット等）
		17:35	ホテルチェックイン
		18:00	第101回ブータン勉強会／夕食（於：ホテル）
		22:30	打ち上げ／報告書ミーティング
			◆パロ・ホテル泊
⑦ 2/17 （日）		08:00	朝食（於：ホテル）
		08:45	ホテルチェックアウト
		09:00	パロ市内散策（サブジ・バザール等）
		09:45	パロ空港到着
		10:05	搭乗手続き・出国手続き
	パロ発 バンコク着	11:05	Drukair（KB150）　パロ空港 ⇒ スワンナプーム空港（〜14:40）
		15:20	到着後、乗り継ぎ手続き（トランジット）
		15:50	報告書ミーティング／夕食（於：Silom Village Thai Restaurant）
	バンコク発	22:25	全日空（NH850）　スワンナプーム空港 ⇒ 羽田空港（〜06:00+1）
⑧ 2/18 （月）	羽田着	06:25	入国手続き
		07:30	羽田空港国際線ターミナル（2階到着ロビー）にて解散

参加者ミーティング

出発前日に開催した第100回ブータン勉強会（2019年2月）

プナカ・ドゥプチェンに来ていた学僧たち

クル(ダーツ)体験

ジェンカナ小学校での交流

ハ県の農家でのホームステイ

以下は、スタディツアーに参加した学生が帰国後に記した感想である*3。

わからなくてもいい

　サブジ・バザールを後にし、空港に着くと、ガイドのドルジさんは「これからですよ」と言った。人生のどこかで聞いていたとしてもおかしくないフレーズだが、初めて耳にしたように感じられた。実際のところはわからない。だが、すごい、ものすごい言葉を聞いてしまったと思った。一瞬にして身体がシャキッとなって、ドルジさん、チミ、キンレイさんとひとまずこれでお別れだけど、ずっとずっとの別れじゃない。いつかまた来て再会する。自然とそんな気がした。

　ひとと出会い、別れるということを、切実に感じられる場所。今回で3度目となる渡航を経て、ブータンのことをそう捉えるようになった。旅という

限られた時間の中、予定通り、あるいは偶然にひとと出会う。できることなら言葉を交わす。互いの思いや考えを共有する。もしも言葉が通じないなら、とりあえず横に座ってみる。静かに呼吸を感じる。目を合わせてみたりする。ブータンを訪ねる度、このような体験を数え切れないほどにした。

今回一番印象に残っているのは、パロの CPA リハビリテーションセンターにいた入所者のプラン・グルンさんとサンゲ・ペルザンさんとの出会いだ。部屋の片隅に積み上げられた座布団を上から 5 枚取って敷き、平山先生とドルジさんと一緒に話を聞いた。あのふたりのまなざしを忘れることができない。彼らはしっかりと僕の目を見ながら話した。僕もちゃんと目を見て話そうと思った。緊張した。初対面だから、リハビリテーションセンターの入所者だから、ではない。あれほどまでに目を合わせることは普段あまりないから、である。虚ろなまなざしでは決してない。前向きなまなざし。それは、彼らから発せられる言葉と一致しているように思えた。「人生をやり直したい」。20 分くらい経ち、インタビューを終えると、ふたりと握手をした。それは形式的なものではなかった。この時もまたしっかりと目が合った。

ひとと向き合うとはどういうことか。これは 2 年前に初めてブータンに行って以来、よく考えるようになったことだ。今回の渡航中もまた、よく考えた。それまでは、あまり考えたことがなかった。ブータンでのひととの出会いと別れが、僕に新たな問いをもたらしてくれたのだ。ただ、答えが簡単に出るような種類の問いではない。唯一の正解などない気がする。考えるようになったからといって、出会うすべての人たちとうまく向き合えるようになるわけではない。いつも悩んでいる。いつでも迷っている。でも、そうした問いそれ自体にちょっとは向き合えるようになった。

たとえ言葉は通じなくとも、ただただ、その人の傍らで同じ光景を目にしているだけで、もしかしたら違うものを見ているかもしれないけれど、それぞれ何か感じるものがあるんじゃないか。そう思うようになった。いま横にいる人が何を思っているか、いまはわからなくてもいい。いつかわかるときが来るかもしれない。別に焦らなくていいんじゃないか。そんなことを考えるようにもなった。

2009 年、僕はブータンという国を初めて知った。当時中学 3 年だった少年は、10 年後、大学生になった自分がブータンという国に実際に足を運んでいると想像できただろうか。未来のことはわからない。想像を超えた未来が待っている。おもしろい。学生と社会人のあいだにどれだけ高い壁が、あるいは深い溝があるのかはわからない。しかし、大学生活の最後にナイスなメンバーと一緒にブータンに行き、ひとと出会い、別れ、これからの人生も引き

続きおもしろそうだと思った。

　このスタディツアーを通して出会ったすべての人たちに、いつかブータンで、日本で、あるいは世界のどこかで再会するとき、将来の自分がしっかり目を見てそのひとと話をしていたいから、あの「これからですよ」を脳内でリピート再生させて、今日も一歩を前へと踏み出してみる。

　学生の自発性に重きを置いたボランティアプロジェクトとして２年間活動する中で、担当教員として専門知の提供をはじめとした仕掛け・働きかけを行ってきたが、海士とブータンをつなぐプロジェクトでありながら両地での活動が別個に確立され少々分離してしまっている点は改善の余地があると感じている。また、スタディツアーの実施を通してブータンの現状を知る機会・実際に触れる機会の創出はできたが、それがどれだけ現地への貢献に繋がっているか（観光産業への貢献という視点だけで良いのか）という点も課題として挙げられ、2020年2月に実施予定の「第２回地域密着・体験交流型スタディツアー」に向けて現在進行形で議論が続けられている。

（早稲田大学平山郁夫記念ボランティアセンター）

注
＊1　三浦彩由香（編集）／平山雄大（監修）（2018）『早稲田ボランティアプロジェクト「海士ブータンプロジェクト」2017年度ブータン渡航報告書』WAVOC、32頁。
＊2　櫛部紗永・平田阿己美・塚越美友・木村歌那・大歳貢生（編集）／平山雄大（監修）（2018）『早稲田ボランティアプロジェクト「海士ブータンプロジェクト」2018年度ブータン渡航報告書』WAVOC、30頁。
＊3　岩井里花・三井新（編集）／平山雄大（監修）（2019）『早稲田ボランティアプロジェクト「海士ブータンプロジェクト」第１回ブータンスタディツアー報告書』WAVOC、34頁。

随想　価値を与えることと価値を見つけること

　カラハリ砂漠を飛行していたパイロットが投げ捨てたコーラの瓶が、空から降ってきた。1980年製作の南アフリカ共和国のコメディ映画ミラクル・ワールド ブッシュマン』（原題: The Gods Must Be Crazy）は、南アフリカ・ボツワナ共和国の砂漠に居住するブッシュマンの厳しい生活をコメディタッチで描いた作品である。

　西洋文明にどっぷりとはまった日本人からすればコーラの空き瓶は「ゴミ」であり、再生可能な資源としてリサイクルする対象であろう。しかし、当時のブッシュマンにとって空き瓶はその生活する社会には存在しないものであった。

　この空き瓶はその土地に住む人にとって水を運ぶ器にも、楽器にも、なめし皮の模様付けにも使える魔法のような道具だった。つまりある社会にとっては価値のないものも、別の社会にとっては別の価値を与えられる可能性を秘めているのである。

　別の社会にとって価値のないものを自分たちの暮らす社会のニーズやその常識や習慣のフィルターを通すことによって、新たな価値付けをする行為は大きな富と結びつく可能性がある。例を挙げれば四半世紀前のブータンではマツタケは豚のえさだったのである。

　逆の視点で考えると、自分たちの住む社会に当たり前のように存在するものに価値を見出すことは難しい。この視点を得るには比較の視点が必要なため、その多くの価値は、他の社会から来た人や他の社会の視点を身に着けた人によって発見されることが多い。

　「生野菜を水道水で洗ってすぐ食べられるって幸せね」、海外勤務から日本に帰国した友人の一言に驚いた。日本で当たり前の行為が友人が滞在し

ていた国では当たり前ではないのだ。こんな単純なことさえ敢えて意識しないと、その価値に気が付きにくい。

　長年、"安全と水はタダ"と言われていた日本。公共交通機関は正確に時刻どおりに運行され、郵便は確実に相手に届き、自宅に居ながらネット注文で多くのものが手に入る。これらは本当に「当たり前」なのであろうか。日本に限った「特殊な」事なのではなかろうか。

　グローバリゼーション社会における文化の均質化が進む中、今ある社会を構成する様々なもの、その【当たり前にあるもの】の価値に気付く、知る、再評価することは私たちの生活を変え、意識を変え、幸福感を高めることに繋がるのではないか。

　幾多の災害を通して、私たち日本人は【当たり前にあるもの】が失われる経験をした。そのことにより当たり前のものが当たり前のように存在し、当たり前に利用出来る、これは実は当たり前ではなく特別なことなのだ、その事に気が付いた私たちは当たり前に感謝し、その価値に気付いたのである。

　前述のブッシュマンの映画では、この外から入ってきたコーラの空き瓶をめぐって集落の中で見苦しい争いが発生するようになる。皆がこの魔法の道具を所有したくなり、奪い合いが起こる様子を描いている。

　このように既存の社会集団において価値がなかったものは、他の社会に持ち込まれ、価値を与えられたが為に、その社会の【当たり前にあるもの】に影響を与え、幸福感を阻害する結果にも繋がってしまう危険性がある。

　例えば、今まで当たり前に人々が使っているものが使われなくなったり、その使い方が変わったりすることに加え、文化・伝統、所作や人々の考え方、その社会のパワーバランスにまで大きく影響を与えることもある。

　当学会ではブータンという異文化の GNH という新たな考え方について意見を交換をしている。この視点により日本社会にある多くの【当たり前】に新たな価値を与え、【当たり前】に対して、新しい考え方を提示し、実践することを目的としている。

　GNH という【外から持ってきたもの／入ってきたもの】を日本社会に

持ち込むには、その前提として日本社会が今まで続けてきた【当たり前】を注意深く見つめ、その価値を再認識する作業が必要になると考えている。

　【当たり前にあるもの】が当たり前でいてくれることに感謝をし、その維持に対して、何をどう維持するのか、その維持にはどのような負の側面があるのか、それは本当に必要なことなのかを予め検討しておく事により、私たちの社会は多くのものを受け入れてもその幸福度は揺ぎ無いであろう。

　学会としてこうした議論を今後も深化させていきたいと考えている。

（放送大学千葉学習センター非常勤講師）

熊谷誠慈編著
『ブータン　国民の幸せをめざす王国』

奥谷　三穂

　編著者である熊谷誠慈氏は、京都大学こころの未来研究センター上廣倫理財団寄付研究部門部門長、特定准教授として、研究センター内にブータン学研究室を開設し、ブータン研究を精力的に進めている。

　「ブータン関連書はエッセイが大半で、専門書と呼べるものはきわめて少ない」。これが、編著者熊谷氏がブータン研究を始めた2010年頃の感触だった。そこで、ブータンに詳しい専門家の方に次々とお話をうかがう中で、「耳にしたことのない話ばかりで面白く、独り占めをするのはもったいない」と思い、京都大学こころの未来研究センターでのブータン文化講座で公開講座を開催した。さらに、これらの講演を基に各著者に執筆を依頼し書籍化されたのがこの著書である。

　したがって、著者は熊谷氏をはじめ、栗田靖之（国立民族学博物館名誉教授）、今枝由郎（京都大学こころの未来研究センター特任教授、元ブータン国立図書館顧問）、ツェリン・タシ（作家、ブータン王立自然保護協会理事）、ラムケサン・チューペル（ブータン王国経済省工芸品振興事業団理事長）、西平直（京都大学大学院教育学研究科教授）、草郷孝好（関西大学社会学部教授）、上田晶子（名古屋大学大学院国際開発研究科准教授）、安藤和雄（京都大学東南アジア地域研究研究所准教授）と、実際にブータンに滞在し現地の状況をつぶさに見てきた研究者ばかりである。すでに各著者のブータン関連の著書も出版されており、筆者もブータン研究において大いに参考にさせていただいている。この著書では、そうしたブータン研究の第一人者ともいえる執筆者によって、歴史、文化、社会、自然・環境の各分野に関する豊富な知識と最新のブータン情報が、著者自身の受けとめ方も含めて紹介されており、なかなか現地調査に行けない研究者、学生、一般の方にも大いに参考

になる良書である。

　第1部ブータンの歴史では、熊谷氏が第1章に「ブータンの歩みをたどる」として執筆している。はじめにブータン建国前の12世紀末頃からのチベット仏教の伝来から17世紀前半のドゥク派のシャブドゥン・ガワン・ナムゲルによる国家統一、1907年のウゲン・ワンチュック初代国王によるブータン王国の成立、第2代、3代、4代、5代へと続いてきた各王の治世の流れを概括しながら、1990年前後のネパール難民問題や1997年から2003年にかけてのアッサム独立派ゲリラとの軍事作戦など、周辺国とのせめぎあいの中で独立を保ってきた歴史にも触れている。

　「ブータンと言えば「幸福大国」というイメージがあるが、国民総幸福という概念ができあがるまでには長い道のりがあり（中略）、永い時の中で熟成した仏教思想を基盤とし、様々な困難を乗り越えるべく試行錯誤を行っていく中で生まれ出たものである」とし、ブータンは「すでに幸せを実現した国」ではなく「幸せをめざしてきた国」だと締めくくっている。

　第2章は栗田靖之氏が「日本とブータンの交流史―京都大学を中心に」と題して執筆している。京都大学とブータンとの半世紀以上にわたる関わりの歴史を、1958年の中尾佐助氏による調査と照葉樹林文化論構想が生まれた経緯、1968年の京大山岳部による植物調査隊派遣、1970年の日本万国博覧会での青いケシの写真の展示、その後の栗田氏のブータン訪問、1981年の日本ブータン友好協会の設立などについて振り返ったのち、その後のブータンの民主化・近代化の動きを経て2010年から新たに始まった「健康、文化、安全、生態系、相互貢献」をテーマにした「京都大学ブータン友好プログラム」などについて紹介している。

　栗田氏の話の中で印象的であったのは、ブータン人と仕事をすると地位の勾配が生じ、日本人に援助を期待するようになってくるという。そうした関係を解消するためには、逆にブータンからいろいろなものを受け取ることが大事だとして、ブータン文化に親しんだり GNH に学ぼうとすることはよい試みだとしている。

　第2部「ブータンの文化」では、第3章に今枝由郎氏が「仏教と戦争―第4代国王の場合」として、第4代国王時代の国難について詳しく述べている。第4代国王は1972年から2006年まで在位したが、そのほぼ全期間にわたって今枝氏はブータンと関わりを持ってきたといい、間近にその様子

を見守ってきた貴重な研究者である。取り上げられているのは、チベット人亡命者問題、ネパール人難民問題、アッサム独立派ゲリラ問題などであり、特にゲリラ掃討作戦については国王の戦闘についての考え方など大変興味深く記述されている。仏教の教えに基づく戦争のあり方、といったことがあるとすればこういうことなのかと考えさせられるテーマである。

　今枝氏は第4章では「ブータンの仏教と祭り－ニマルン寺のツェチェ祭」を取り上げている。ツェチェ祭はニンマ派という宗派にとって一番大きな法要であるが、開祖であるグル・リンポチェを追憶する法要ではなく、彼に新たに祈願する機会という意味があるという。グル・リンポチェの伝記には臨終が説かれておらず、「月の10日に私に祈願する人があるところには必ず戻ってくる」という遺言が記されており、それに従ったものだという。また、個人個人に加護を与えるのではなく村全体に加護を与えるという点がチベット仏教独自のことだとも言われており、祭りが共同体を一つにまとめる社会的な役割も果たしているとしている。この他、日の吉凶を占う習慣や第4代国王の「伝説」に対する考え方など、今枝氏が直接見聞きしたエピソードが盛り込まれていて興味深い。一方で、若い人たちが都会に出てしまい人口減少の中でどのようにツェチェ祭を継続させていくかといった問題にも触れられており、これは日本の村落の祭りにも共通するテーマであるといえよう。

　第5章では、ツェリン・タシ氏が「イエズス会宣教師の見たブータン－仏教徒キリスト教」をテーマに執筆している。タシ氏はブータンに生まれた仏教徒であるが、インドのダージリンでイエズス会系の学校に入り8年を過ごしたという経歴を持つ。この章ではマッキー神父というカナダ人のイエズス会宣教師に着目して、ブータン国内の各農村地域に学校を設立するなど神父のブータンにおける近代教育への貢献を紹介している。また、マッキー神父は仏教とキリスト教の相違をブータン人の祈りや瞑想の行為から見出し、仏教独自の考え方を排除するのではなく、キリスト教の枠内で解釈し受け入れていたという。神父は32年間にわたりブータンで生活をしたが、一人のブータン人も改宗させることなく、「ブータンでの生活経験全般によって仏教に対する洞察が生まれ、自分の人生が豊かになった」と述懐したという。ブータンでは2008年に憲法が制定され、信教の自由が明文化されたことで様々な宗教に対する興味が出始めているという。タシ

氏はこうした傾向について、グローバル社会における多様な価値を理解するために重要なプロセスではないかと結んでいる。

第6章では、ラムケサン・チューペル氏が「ブータンの工芸品」（熊谷誠慈訳）について紹介している。中でもゾーリク・チュームスというブータンの伝統的な13種類の工芸品について、その歴史、僧院との関係、近代への継承、工芸家の育成などについて述べている。13種類とは、書道、絵画、彫刻、織物、木彫、製紙・香料、刺繍、金細工・銀細工、青銅鋳造品、鍛冶、石細工である。この製造、販売の手法に日本の一村一品運動が取り入れられているのも面白い。

第3部「ブータンの社会」では、第7章で西平直氏が「輪廻のコスモロジーとブータンの新しい世代」と題して、ブータンの伝統を若い世代がどのように受け継いでいこうとしているかといったことを紹介している。西平氏は2009年から何度もブータンを訪問し、数多くの大学や高校を訪問している。トンサ県にある言語文化学院では定点観測的に毎年この学院を訪問してきたが、西原氏は学生たちの話に物足りなさを感じるようになる。つまり皆が真面目すぎるのである。そこで、クリーンエイジェンシー（清掃会社）を起業したロックミュージシャンに出会ったり、町なかで生活する普通の若者との対話を通じて現代のブータンが抱える社会的な問題にも直面してきた。この他にも近年急増している尼僧の状況を知るため、シシナ尼僧院などを訪問し尼僧の道を選んだ動機や人生観、宗教観などの対話をしている。こうした長年にわたる調査の中で、近代化の流れの中でも他者との境界を越えて共有される「輪廻のコスモロジー」が若い人たちの間にも共有されており、ブータンの伝統はそう簡単には崩れないと実感したという。無論、聞き取り調査は今後も続けられる。

第8章では、草郷孝好氏が「ブータンの魅力と GNH の現在－世界は GNH 社会を求めるのか」というテーマで執筆している。草郷氏は、アジア・リーダーシップ・フェロー・プログラムのフェローとして2004年に3か月間東京にいた時に、ブータンからのフェローと親しくなったことがきっかけで、2005年からブータンを訪問し、2006年、2007年には国際交流基金の助成金を活用し、共同研究として「ブータンと日本人における GNH と物質的な幸せ」をテーマに調査を実施している。本稿では、それらの調査結果と草郷氏の GNH の考え方が述べられている。また、日本の GNH

の取組として2013年に結成された「住民の幸福実感向上を目指す基礎自治体連合」、通称「幸せリーグ」の紹介や草郷氏が関わっている兵庫県の取組が紹介されている。最後には、「日本を含む世界の先進国にとっては、GNH は、従来型の社会発展モデルの進化形に位置付けるべきであると考える」と結んでいる。

　第9章では、上田晶子氏が「「関係性」から読み解く GNH（国民総幸福）」と題して、自身の GNH の考え方を紹介している。上田氏は、1996年ロンドン大学の博士課程の頃にブータンをテーマに博士論文を書こうと思い立ち、様々な人とのつながりを経て当時のブータン王国の保健教育省にある教育部に所属し、1年間滞在する許可が得られたという。その後また、国連開発計画（UNDP）のブータン事務所でコーディネーション・オフィサーとして3年間滞在することになった。本稿では、ブータンのGNH の考え方や日本人の考える幸福との違いなどを紹介し、様々な関係性の中で考え行動することによりもたらされる幸せについて、わかりやすく丁寧に説明されている。「物質的な豊かさに由来する幸せは刹那的であるが、豊かな関係性がもたらす幸せは長く続き、自分だけでなく周囲も含む幸せだと理解することもできる」と結んでいる。

　第4部「ブータンの自然・環境」では、安藤和雄氏が第10章として「東ブータンの自然と農耕文化」をテーマに執筆している。安藤氏は、2008年から総合地球環境学研究所の通称「高所プロジェクト」に参加し、ブータンの西ケメン県やタワン県で移牧を生業とするブロックパの人たちの農業生態について調査をしてきた。さらに2012年にはブータン王立大学シェラブッチェ校との共同調査を開始した。本稿ではこれらの調査結果から、チベット系、ネパール系の民族分布と居住場所の標高の違い、気候・地形による植生の違い、土地にねざした伝統農業や暮らし方の違いなどを紹介している。特に標高や地形、地質の違いによって作物や家畜の種類が異なり、使われる犂も形状が違い、住民の性格にも特徴が現われるといった調査結果が詳細に紹介されている。

　また、タシガン県のシャルチョッパの村々には「アマジョモ」と呼ばれる大地の女神信仰があり、仏教と並んで信仰が篤いという。言語や言い伝えからブロックパの人たちはチベット自治区からの移住ではないかとの推測もなされている。歴史に翻弄されながら人々が移住し、住み着いた土地

の自然環境や地形、地質に応じた生業によって暮らしを立てている様が見て取れて、とても興味深い章である。

　ブータン研究をしたいと思っても、なかなか現地調査に行く機会がない。それは自分自身の研究・調査能力の不足によるところが大きいわけであるが、許可がないと調査どころか自由に観光にもいけない国である。ネットで調べる情報ではその国の人々の実際はわからない。このようにして現地に行く機会を得られた方々の調査報告が、もっと様々な方法で公表されると有難い。さらにブータン研究者との交流の機会が増えることを期待したい。

（創元社、2017年、本体1,800円）

（京都府立大学 COC ＋特任教授）

本の紹介

橘木俊詔、高松里江著
『幸福感の統計分析』

山中　馨

　本書のタイトルには「幸福感の統計分析」とあるが、内容は統計分析に限ったものではない。第１章では、「幸福に関する思想」、第２章では「経済成長は幸福感を高めるか」とあり、この２章では、幸福に関する先哲の思想の説明に割かれている。この章立ての構成からも伺えるが、本書は単なる統計分析の結果の提示を意図したものではなく、それぞれの章の統計分析のテーマに関わる思想基盤から著者の分析結果までを記述しようと試みる意欲的な書であるといえる。なお、著者の橘木氏は経済学者でありすでに幸福論に関する論を多数公表している。また、高松氏は、橘木氏のもとで経済学を学んだ後社会学を修めた新進の学者である。

本書の第1章「幸福に関する思想」では、ギリシャ哲学の幸福論から論を始めニーチェのニヒリズムまでの哲学者の幸福に関する思想変遷を記述し、最後にヒルティ、アラン、ラッセルの三大幸福論について多くのページを割いて論評を加えている。幸福論の思想の変遷を整理する上でこの章は大いに参考になるといえる。

　ただし、人類の先哲の求めた「幸福に関する思想」として忘れていけないのは宗教思想である。宗教はどのような宗教であろうと本来人々の幸福を求めることをその骨子としたものであり、幸福に関する学術書においても、宗教思想に関してこれを無視することは、幸福の思想の体系としては不十分と言わざるを得ないと評者は考える。

　第2章「経済成長は幸福感を高めるか」は、幸福に関わる経済学の発展史ともいえる内容であり、アダム・スミスの「道徳感情論」からセルジュ・ラトゥーシュの「脱成長論」までの説明が記述されている。ラトゥーシュの「贈与の世界」では市場経済における人の幸福という考え方から、相互扶助・分かち合い・友愛という精神に観点が移っていて興味深い。

　第3章からは本書の統計分析結果が記述されている。まず、第3章は、「お金があるほど幸福か」である。ここでのテーマは、「自分の所得が上がることは本当に幸せなことなのか」という問いである。重回帰分析による結果は、「人々は自分が豊かかどうかは、絶対的な豊かさだけではなく、周囲の人や目標とする人との比較による相対的な豊かさからも判断している」ということであり、「自分の所得が高くても自分の所得より高い準拠集団の所得を比較するものが多く、その効果は本人所得が高いときに幸福感が上がる効果を下回る者の幸福感を下げる効果が確認された」という結果である。この結果は、本書で初めての結論ではなく、すでに多くの先行研究でいわれていることであるが、重回帰分析で回帰係数として数量化されていることは大変意義がある。また、評者として着目したいのは、性別（女性ダミー）で回帰係数が0.186、つまり女性の方が幸福感が高く、また子ども（末子高校〜未婚）で係数が-0.095、つまり子どもがいると幸福感が下がるなど、本章で説明されていない係数も大変興味を覚えた。

　第4章「働くことのよろこび」では、仕事から満足を得ているかという問いである。仕事満足度に対しては、「他者援助性」「創造性」「向上心（野心）」の3つの仕事の特性の影響を調べている。結論は、仕事の満足

度に対して創造性が最も影響力が強く、ついで他者援助性が続き、向上心が最後に来る。第5章「仕事のやりがいと満足感」は、第4章でとりあげた「他者援助姓」について、対人労働と賃金満足度の関係をテーマとしている。結論は、「対人労働の程度が高い場合には賃金満足度が低くなる。対人労働の自律性が高い場合には賃金満足度が高くなる」ということである。つまり、「対人労働を多く行うこと自体でやりがいを感ずるわけではない。自律性の高い場合にやりがいを感ずる」という結果は、第4章の創造性の影響が仕事の満足感を高めることと通ずるところがあるのではなかろうか。ただし、第5章ではこれらの分析結果を「やりがいの搾取」の有無に結び付けているが、この分析結果を以て直接結びつけられるかどうか自明でないように思われる。

　第6章「余暇から幸福を考える」は、余暇から得られる幸福感を22種類の余暇活動から重回帰分析している。結論は、「自分でスポーツを楽しむ人が最も幸福感が高い。最も高い不幸を感じる余暇活動はギャンブルである。自分の身近にある小さな事象にコミットする余暇活動が実は最も高い幸福をもたらす。創作という自分の身の丈を超えるような余暇活動から得られる幸福は小さい」ということである。これは、n=60491という大量のデータを用いた重回帰分析であり、必ずしも余暇活動で幸福感を得られるわけではないことを示しており、余暇に関する常識に警鐘をならす効用がある。

　第7章「性別役割分業と生活満足度」では、本人家計負担率を独立変数として生活満足度を分析している。結論は、「女性では、本人家計負担率が高まるほど生活満足度が下がった。世帯所得が上昇するほど生活満足度が高まるにもかかわらず、自分の家計負担率が上がる場合には生活満足度は下がる」、「男性では本人家計負担率には有意な効果が見られない」、「男女とも、配偶者の洗濯頻度が上がるほど生活満足度が上がった」というものである。日本の女性の就業意欲を削ぐような結果であるが、現代日本の現状を如実に示していて興味深い。つまり本書の説明を借りれば「既婚女性が就労するとき、家庭では自身に偏った家事をこなさねばならず、職場では条件の良くない仕事をせねばならないというケースが多い。そのため既婚女性の就業は生活満足度の低下を招いたと考えられる」ということである。

第8章「幸せを感じるパーソナリティとは」では、米の心理学者ゴールドバーグのパーソナリティのビッグ5「誠実性」「開放性」「調和性」「外向性」「神経症傾向」が幸福感にどの程度影響するかを分析している。結論は、「真面目に仕事に取り組み、知的関心が高く、対人関係に積極的で協調性もあり、また、不安が少ないというパーソナリティを持つ場合には幸福感が上がる。この関連は、所得があろうとなかろうとみられる」というものである。パーソナリティのビッグ5が幸福感と強い関係性を持つことは先行研究でも示されていることであるが、所得との関係性で所得と独立であることを分析で示した点に意義がある。

　第3章から第8章まで設定された分析テーマは幸福感を学術的に明らかにするうえで大変に興味深いテーマであり、また使用された統計分析手法も注意深く選択されており、その分析結果に十分な信頼感をおけるものである。その意味で幸福を研究対象とする読者には一読を勧めたい。

　ただし、幸福の統計分析の対象としては、時系列分析も大変意義のあるテーマであり、この点に関しては、本書はその範囲外である。本書はこの点では、ある一時点での幸福に関する複雑に絡み合った要因を明らかにしたものである。時系列分析とは、例えば幸福度が上がった場合にその要因を見極めるなどの統計分析であるが、幸福度を現実社会に適用した場合には、この時系列分析のほうがより重要になる可能性がある。

（岩波書店、2018年、本体2,300円）

（創価大学名誉教授）

追悼 木内みどりさん、ありがとうございました

日本GNH学会事務局長　岡崎理香

　日本GNH学会理事の木内みどりさんが昨年11月18日に急逝されました。何の前触れもなく突然に……私たちの目に見える世界からいなくなってしまいました。

　仕事のため滞在していた広島で、直前まで仕事仲間、関係者と語らい、元気に宿泊先へと帰って間もなくとのこと。にわかには信じられませんでしたが、「多分本人が一番驚いていると思う」とは娘さんがウェブサイト上で言っていた言葉です。

　木内みどりさんは、私などが今さら言うまでもない名女優です。一昨年はNHK大河ドラマ「西郷どん」に出演され、舞台、映画、TVドラマなどでも名脇役としてますます演技の幅を広げておられました。また、昨年は365日毎日描いた絵をまとめた『私にも絵がかけた！コーチはTwitter』を出版し、活躍の幅をますます広げられ、また、ご自分ひとりでインターネットラジオ「小さなラジオ」を運営し、多くのゲストとの対談で文化的、歴史的、政治的……様々な発信をされていました。とにかく多才で行動的でした。

　近年は、東日本大震災を契機として脱原発の市民運動でも発言力を高め、政治的な活動にも参加されていることはマスコミなどで報道されていましたが、2011年の日本GNH学会設立当初から理事として参画されていたことを知る人は少ないのではないでしょうか？　理事会や学会大会などの活動にも積極的に協力していただき、また地方でのシンポジウムへも足を運んでGNH（国民幸福度）の発信に貢献してくださいました。

幻の日本人初ブータン独占取材テレビレポーター？

　実は木内さんは、日本のあるＴＶ局がブータンの鎖国解除後に日本で初めてテレビ取材に入るときのレポーターに抜擢されたとのこと。ブータンは1971年に国連加盟するまで長らく鎖国状態でした。長い歴史のなかで

小国であるブータンが隣国からの侵攻を防ぐための方策として必要なこと
だったのでしょう。小国でありながら国際社会で独立国として堂々と王国
の歴史を築き上げてきたブータン王国は、多くのことを私たちに教えてく
れます。GNHもその一つですが、それはさておき、木内さんは日本で初
めて神秘の国、ブータン王国を取材するレポーターになるはずでした。し
かしその後、何らかの事情でその企画が流れてしまって「日本人初ブータ
ン取材テレビレポーター」の称号は幻になってしまった、ということを何
かの折にお聞きしました。

　それ以来いつかはブータンに行きたい！と思っていたそうですが、一度
ブータンに行ってからはブータンという国も人も大好きになり、木内さん
の開放的な性格とブータン人の「みんな親戚」的人懐っこさから多くのブ
ータン人の友人ができ、大勢木内さんの家に遊びに来るようになったとい
うことです。木内さんらしいエピソードです。

種をまく人

　木内さんは女優です。「あ、テレビで見るそのまま！」ですが、気取る
ことなく自分に正直で、誰に対しても公平でした。どんな人にも媚びるこ
となく凛と自分を持っている人でした。日本GNH学会を設立するときも
理事就任を快諾してくださり、理事会や大会、イベントなどへの出席をお
願いすれば、可能な限り出席してくださり、時には楽しそうに、しかしそ
の時々のタイムリーな話題を自分のことに落とし込んで、真剣に自分の意
見や考えをお話しくださいました。その華やかさと明るさと率直さで、周
りの皆をぐっと引き付けてしまい、いるだけで周囲を幸せな雰囲気にして
くれる、魅力あふれる木内さんのことを「日本GNH学会理事にふさわし
い『幸せの種をまく人』のようだ」と思ったことがあります。事実、日本
GNH学会理事としてお招きいただいた各地でも、一瞬にして周りを木内
ワールドにしてしまうのでした。

　余談ですが、「種をまく人」と言えば、ミレーの代表作としての絵画を
思い出します。（ゴッホも後に同じ題材で描いていますがミレーがお手本
と言われています。もし木内さんが描くとすればゴッホ流なのかもしれま
せん。オレンジ色の太陽の眩しさが木内さん的です。）この「種をまく
人」という絵は宗教的な意味があるのだと聞いたことがあります。聖書の

ルカによる福音書には以下のような記述があるそうです。「種を蒔く人が種蒔きに出て行った。蒔いている間に、ある種は道端に落ち、人に踏みつけられ、空の鳥が食べてしまった。ほかの種は石地に落ち、芽は出たが、水気がないので枯れてしまった。ほかの種は茨の中に落ち、茨も一緒に伸びて押しかぶさってしまった。また、ほかの種は良い土地に落ち、生え出て、百倍の実を結んだ。」「聞く耳のある者は聞きなさい」

　この話は、神の御言葉をどのような心で聞くかが重要だということのたとえだそうです。良い心で御言葉を守る人だけが実を結ぶのです。そう考えると、木内さんには聞く耳が沢山あった。好奇心いっぱいだった。なんでも素直に心に入れた。木内さんには次から次へと種が降ってきて、それがきちんと実を結んでいます。女優であったり、画家であったり、市民運動家であったり、ラジオの主宰者であったり、もろもろの発信者でした。種を蒔く人というよりは実を結ぶ人であり、その実を私たちに分けてくれる人だったのかもしれません。そしてその中にには小さく、青く、苦い実も混ざっていたりしたかもしれませんが、木内みどりさんからは沢山の実をいただきました。木内さん、ありがとう！

　木内みどりさんは日本ＧＮＨ学会理事として沢山の功績を残しました。私たちの学会の目的の一つが、多くの人、多くの地域、多くの政府にブータン発信の「ＧＮＨ＝国民総幸福度」の考え方を広めることです。この発信のために活動していただきました。ここに木内さんと一緒に活動した思い出の一部を記し、木内みどりさんへの追悼としたいと思います。

☆　　☆　　☆

＊熊本・ブータン友好シンポジウム2013（熊本市）
　「幸福度を地域の活性化に活かす」ためのシンポジウムが熊本・ブータン友好協会（荒木章博代表）の主催で開催。ブータンから招聘した王立ブータン研究所所長のカルマ・ウラ氏の基調講演の後、「くまもとの幸福を考える」というテーマでパネルディスカッションが行われ、パネラーとして木内みどりさんも登壇した。
パネラー：錦織功政（熊本県企画振興部長：当時）、戸崎肇（早稲田大学教授

：当時）、木内みどり理事、ダショー・カルマ・ウラ（王立ブータン研究所所長）

熊本県知事を表敬。知事室でくまモンと

パネリストとして発表する木内さん

＊高齢者を幸せにする天草シルバーファッションショー2016（天草市）

　日本一幸せな高齢者社会を目指す天草市が取り組むシルバーファッションショーにコメンテーターとして参加。天草市の歴史的遺産（現在世界文化遺産）である潜伏キリシタンの関連遺産や教会を見学し、そこからインスピレーションを受けて創作意欲をかきたてられたようでした。その後の朗読劇の参考になったと言われていました。

天草シルバーファッションショー

＊日本ＧＮＨ学会2016大会（早稲田大学）

　「それぞれのＧＮＨ〜キューバとの比較〜」のテーマで学会発表。その後の懇親会でも、盛り上がりました。

学会発表する木内さん

学会終了後の懇親会で

ブータン王国国王陛下来日歓迎会における国王の冒頭ご挨拶

　2019年10月25日、日本 GNH 学会は、天皇陛下「即位礼正殿の儀」など一連の祝賀行事にご参列のため来日した、ブータン王国国王陛下、国王妃殿下の来日歓迎会を、東京・帝国ホテルにおいて、ブータン王国名誉総領事館、日本ブータン友好協会などとともに共催いたしました。その際のブータン王国国王の冒頭ご挨拶を紹介いたします。

　　　　　　　　　　※　　　　　　　　　　　　※

　本日、皆様にここでご挨拶するに当たり、先ず何よりも先に、日本国と国民に対し、心より深く敬意と感謝を表したいと存じます。

　日本と他の国々の間に多くの相違がございます。日本は世界の国々の中に置いて大切な宝です。何千年に渡って保持、継承して来た豊かな文化と伝統のうえに、目覚ましい経済成長と繁栄を達成しました。日本国民は日本ならではの高度な文化と社会的価値観、道義を保っています。我が国と国民はこの偉大な日本国と30年余りを通してより親密で特別な関係を構築できたことを喜び、誇りに思っています。

　1990年、我が父、前国王陛下は時の天皇陛下の即位式に出席されました。今回、王妃と我が息子ジグメ・ナムギャルが今上陛下と、皇后陛下の御即位の儀に参加できたことは大変光栄に思い、喜んでいます。私はこの度、我が国と国民を代表し、天皇陛下にお祝い申し上げ、陛下のご長寿と治世が末永く続き、ますますの御繁栄をお祈り申し上げるために参りました。

　日本国民が未来へ進めるに当たり、無料息災と心の平和を祈願し、この美しい国日本とその国民の上に平和と、繁栄、幸福をもたらす太陽は永遠に神々しく照らされますように、祈っています。

　個人的に私とジェツン王妃は日本が大好きで、敬愛しております。日本人は豊かな知性に恵まれ、根深い文化に基づく礼儀正しさを保ち、高度な倫理観と目的を達成する強い努力と忍耐力をお持ちである。それは憧れと賞賛に値する気質であります。2011年の初来日以来私は再び日本を訪問することを待ち遠しくしていました。私たちは日本を美しいと思うと同時に、東日本の震災後の回復力には深い感銘を覚えました。この度も台風や水害による被害には深い悲しみを共有するとともに、亡くなられた方々のご冥福を祈り被害者の方々にお見舞い申し上げたい。本日はありがとうございます。

ジグミ・ケサル・ナムゲル・ワンチュク
(Jigme Khesar Namgyel Wangchuck)

◆ブータン王国国王陛下・王妃陛下歓迎レセプション◆

2019年10月25日　帝国ホテル（東京）「富士の間」

主催：在東京ブータン王国名誉総領事館、在大阪ブータン王国名誉領事館、
　　　在鹿児島ブータン王国名誉領事館、日本ブータン友好協会

共催：日本国ブータン王国友好議員連盟、日本 GNH 学会、ブータンミュージアム、
　　　神戸ブータン友好協会、ブータン王国首相顧問事務所

壇上で歓迎を受ける
ワンチュク国王とペマ王妃

ひとりひとりに感謝の意
を表すワンチュク国王

花束の贈呈を受
けるワンチュク
国王、ペマ王妃
とナムゲル王子

日本GNH学会　大会

■2019年度大会（2019年12月14日　於：早稲田大学）
　　「持続可能なGNHを目指して」

〈GNH × SDGs ×教育〉
ブータンの学校現場で展開されている「GNH 教育」の内容
　　〜研修マニュアルの分析を通して〜
　　　　　　　　　　平山雄大　（早稲田大学平山郁夫記念ボランティアセンター講師）
〈GNH × SDGs ×経営〉
SDGs　が導く幸福志向経営　　　　　　　　　山中　馨（創価大学名誉教授）
〈GNH × SDGs ×行政〉
地方自治の現場から考えた"SDGs と GNH"　本川祐治郎（前富山県氷見市長）
〈GNH × SDGs ×宗教〉
天草幸せの大改革　　　　　　　　　　山口誠治（社会教育家・幸せラボ代表）

···

■2018年度大会（2018年11月10日　於：早稲田大学）
　　「幸福度研究〜人々の幸福のための指標とは〜」

ブータンにおける「GNH 教育」導入の軌跡
　　　　　　　　　　平山雄大（早稲田大学平山郁夫記念ボランティアセンター講師）
共通善の経済学〜人間性重視の経済とは〜
　　　　　　　　　　馬場真光（ヴェリタス総合研究所代表）
自他ともの幸せを目指す人間主義の経営　　　山中　馨（創価大学名誉教授）
SDGs と GNH 〜水とトイレの支援からみる国際社会〜
　　マリ・クリスティーヌ（異文化コミュニケーター・元国連ハビタット親善大使）
数字で見る最近のブータンと GNH　　　　　　本林靖久（宗教人類学者）

【編集後記】 ．．．

　2020年のオリンピック・パラリンピックが東京に選ばれたのが2013年。まだまだと思っていたのだが今年の夏には開催となる。"お・も・て・な・し〜"と盛り上がっていたのがついこの前のような気がする。最近本当に月日の経つのが早く感じられるようになった。

　　少年老い易く学成り難し
　　一寸の光陰軽んずべからず
　　未だ覚めず池塘春草の夢
　　階前の梧葉已に秋声

　私の高校の同期会は「梧葉会」という。54回生ということもあり、朱子の漢詩から引用して国語の教師となった同級生が名付けた。当時はただの語呂合わせくらいにしか思わなかったが、最近では同期会にぴったりの名前だと、名付けた友人のセンスの良さに関心する。

　「GNH 研究5」を発刊することができた。2年ぶりとなるが、前号からそんなに空いてしまった実感がない。やはり年を取るにつれて月日は光陰矢の如しだ。少々前に頂いていた原稿も掲載したため日付が古く思われることをご容赦願いたい。しかし、改めて読み直してみても古さは感じないと思う。「幸福」という議論は永遠のテーマであるにも関わらず、「GNH（幸福度）」という議論は始まったばかりだ。前回の東京オリンピック時は、日本は高度経済成長期のただ中であり、GNP の増大が幸福の増大と思われていた。しかし50年たってその価値観は問い直されている。

　2011年6月に設立した日本 GNH 学会も今年は10年にあたる。やはりあっという間だった。ブータンという国をお手本に「幸福」を「指標」で表すことの意味を問い続けてきた10年だったと思う。GNH ＝幸福度という言葉も最近よく使われるようになった。しかし幸福度という指標は日本ではまだまだ研究対象としては新しい領域である。節目を迎えてますます、我々が幸福に生きるためには何が必要なのかを指標として発信できる学会を目指していきたい。

（事務局長　岡崎理香）

．．．

★日本GNH学会の会員区分と年会費★

①正 会 員　年会費　　5,000円
　本会の目的に賛同して入会を申し込み、理事会の承認をうけた人。
②学生会員　年会費　　3,000円（大学・大学院在籍書類をご提出頂きます）
　本会の目的に賛同して入会を申し込み、理事会の承認をうけた大学・大学院に在学する人。
③賛助会員　年会費　　1 口 10,000円
　本会事業を賛助するため入会を申し込み、理事会の承認をうけた法人・団体または個人。

※入会ご希望の方は、学会ホームページの「入会申込フォーム」から申込みをお願いします。
　理事会の承認後、入会のご連絡をさしあげます。
　お問い合わせは事務局にお願いします。　　　http://www.js-gnh.net
　　　事務局　電話・FAX　042-679-3636　E-mail : info@js-gnh.net

日本GNH学会設立趣意

　GNH（Gross National Happiness）とは、ヒマラヤ山脈に囲まれた小さな国であるブータン王国に由来します。1976年、ブータン王国のワンチュック前国王陛下が、最初に提唱された新しい社会経済開発の理念です。その後のブータン王国は、国民の「幸福」実現を国家発展の目的の一つとして GNH を掲げ、立憲王制と民主主義の導入、国民生活の向上、社会経済開発に努めています。

　ブータン王国による GNH の理念に基づく国家建設は、国内総生産量（GDP）による成長拡大を唯一の目的として国家を営んできた、日本やアジアも含めた欧米諸国に大きな衝撃を与えました。つまりブータン王国が、物質的な富だけを指標とする従来型社会とその成長計画に対して疑問を投じたからです。これにより多くの国々では、自然・伝統文化・社会を大切にしながら、国家や社会が人びとの幸福感を満たすために何をするかを考える機運となりました。

　日本においても、ブータン王国での GNH による国造りへの協力、諸分野からの研究、さらに日本の市町村や小さな地域社会での GNH 実践への取り組みなど、GNH は多方面で注目されています。

　こうした GNH について、私たちは幅広い視点と立場から集い、多くの会員が一緒に考え、さらに活動する場となる「日本 GNH 学会」を設立します。

　「学会」との名は、アカデミックの世界に限定された意味ではありません。もちろん GNH 研究での成果をまとめられた研究者の皆さんが中核となり、将来にブータンあるいは GNH 研究を志す人びとも育成していくことも学会として期待されます。さらに、ブータン王国の政府研究機関と公式かつ密接な研究協力体制を築き、国際的活動を展開するためにも、あえて「学会」を名称としました。

　しかし、この学会は、広く国内外でさまざまな分野で活躍されている皆さんを中心に構成される会と考えています。つまり GNH 学会は、研究者の意見を優先するものではないのです。なぜなら、GNH はごく普通の人びとの幸福を実現させる理念だからです。一人の人間として、共に考え、将来の世代のために活動することを本学会はめざします。

　会員には、どなたでも GNH に関心がある、あるいは、ブータン王国に興味をもつなど、さまざま人たちのご入会を歓迎します。人間が結ばれる場であるのが、この学会の特徴です。

　GNH を考えることは、今の私たち、将来の世界を考える糧となるでしょう。

　こうした崇高な理念である GNH を絆として広めるためにも皆様のご入会を心よりお待ちしています。

日本 GNH 学会会長就任あいさつ

松下 和夫

　この度図らずも平山会長の後を継ぎ、日本 GNH 学会の会長の任にあたらせて
いいただくこととなりました。

　本学会にはその設立当初から関わらせていただきました。おかげさまで多くの
貴重な出会いや学びの機会に恵まれました。

　ブータンという国、そして GNH の目指すものについては、「気候危機」と称
されるような地球環境の危機が危惧され、一方で世界の人々すべてが人間的な生
活を送れるように SDGs の達成が求められる今の時代であるからこそ、ますます
その重要性が増していると思います。

　グローバル化の進む世界の下で跋扈する新自由主義に基づく経済成長第一主義
を見直し、自然や伝統、文化そして地域コミュニティを大切にしながら人々の幸
福を満たすために何ができるかを考えていくことが、今私たち一人一人に求めら
れています。GNH はそのような志をもつ者にとっては貴重な指針となるもので
す。

　本学会の設立趣意書にも述べられているように、一人の人間として共に考え、
将来の世代のために活動する場として、そして人と人との豊かな出会いの場とし
てこの学会がますます発展できるよう、皆様とともに微力ながら尽力してまいり
たいと考えております。

　どうか積極的なご参加とご協力のほど、よろしくお願いいたします。

日本GNH学会　役員一覧 （2020年1月31日現在）

会　　長　　松下　和夫（京都大学名誉教授、（公財）地球環境戦略研究機関（IGES）シニ
　　　　　　　　　　アフェロー）

副 会 長　　ペマ・ギャルポ（拓殖大学国際日本文化研究所教授、ブータン王国首相特別
　　　　　　　　　　顧問）

副 会 長　　福永　正明（岐阜女子大学南アジア研究センター　センター長代行）

事務局長　　岡崎　理香（桐蔭横浜大学法学部非常勤講師、岐阜女子大学南アジア研究セ
　　　　　　　　　　ンター特別研究員）

理　　事　　北川　泰三（一般財団法人日本地域開発センター）

理　　事　　日下部尚徳（東京外国語大学専任講師）

理　　事　　高木　桂蔵（静岡県立大学名誉教授）

理　　事　　田中　一彦（ジャーナリスト）

理　　事　　富野暉一郎（福知山公立大学副学長、龍谷大学名誉教授）

理　　事　　丹羽　文生（拓殖大学准教授）

理　　事　　平山　修一（放送大学千葉学習センター非常勤講師）

理　　事　　平山　雄大（早稲田大学講師）

理　　事　　マリ・クリスティーヌ（元国連ハビタット親善大使、AWC（アジアの女性
　　　　　　　　　　と子どもネットワーク）代表）

理　　事　　本林　靖久（大谷大学・佛教大学・大阪大学非常勤講師、真宗大谷派妙成寺
　　　　　　　　　　住職）

理　　事　　山口　誠治（天草幸福量研究会代表、社会教育家）

理　　事　　山中　　馨（創価大学名誉教授）

特別名誉顧問　ジグミ・ティンレー（ブータン王国元首相）

名誉顧問　　カルマ・ウラ（王立ブータン研究所所長）

名誉顧問　　澤井　一郎（ブータン王国名誉総領事〔在東京〕）

名誉顧問　　辻　　卓史（ブータン王国名誉領事〔在大阪〕）

名誉顧問　　永田　良一（ブータン王国名誉領事〔在鹿児島〕）

顧　　問　　緒方　　修（前沖縄大学教授、東アジア共同体研究所琉球沖縄センター長）

GNH（国民総幸福度）研究⑤
幸福のための指標

2020年 3月 2日　発行

編　集
日本 GNH 学会
（会長　松下和夫）
112-0012東京都文京区大塚1-7-1　拓殖大学Ｇ館205
ペマ・ギャルポ研究室

発　行
㈱芙蓉書房出版
（代表　平澤公裕）
113-0033東京都文京区本郷3-3-13
TEL 03-3813-4466　FAX 03-3813-4615

ISBN978-4-8295-0789-6